DRESSLER

HILDEGUNDE
LATSCH

Cornelia Funke
Spionin der Kinder

CECILIE DRESSLER VERLAG · HAMBURG

Zuerst für Cornelia – wen sonst?
Und dann für Helmi, Charly, Manner,
Wolfram und Olli
für Hilfe und Unterstützung!
H. L.

© Cecilie Dressler Verlag GmbH & Co. KG, Hamburg 2008
Alle Rechte vorbehalten
© der Illustrationen: siehe Bildnachweis
© der Fotos: siehe Bildnachweis
Einbandfoto: © www.zitzlaff.com
Einbandgestaltung: ZERO Werbeagentur GmbH
Layout und Satz: Behrend & Buchholz, Hamburg
Druck und Bindung: Offizin Andersen Nexö, Leipzig
Printed in Germany 2008
ISBN 978-3-7915-2900-4

www.cecilie-dressler.de

VORWORT

Wer ist diese Cornelia Funke? Wie kann sie all diese Figuren, diese Geschichten, diese Welten erfinden? Wie hat sie das Zeichnen und Schreiben gelernt? Wie schafft sie es, uns so in den Bann zu ziehen? Wie war sie, als sie so alt war wie ihre Leser? Wie ist sie geworden, was sie heute ist? Wie lebt sie? Wie und wo schreibt sie? Wen und was liebt sie? So und anders lauten die vielen Fragen, die Cornelias Leser immer wieder stellen.

Ich will mit diesem Buch Antworten auf diese Fragen geben, Antworten, nach denen ich selbst gesucht habe: in ihrem Leben und in ihren Büchern. Ich kenne Cornelia seit dem ersten Tag ihres Lebens, kenne und liebe alle ihre Bücher und habe seit ihrer Schulzeit »weitreichenden Einfluss auf ihr literarisches Erwachen« gehabt, wie sie es selbst formuliert. Sie hat sich in meinen Büchern festgelesen und kannte viele dann besser als ich. Ich habe beobachten können, wie sie sich zur Illustratorin und Schriftstellerin entwickelte, wie sie Krisen meisterte mit der Stärke ihres Willens, weitermachte, wenn es Rückschläge gab.

Dieses Buch soll zunächst ein Buch für Cornelias Leser sein, die Kinder und Jugendlichen, aber auch für deren Eltern. Ich weiß, dass manche zu *Herr der Diebe* greifen oder zu *Tintenherz*, wenn die Kinder schon schlafen. Es ist auch für die Lehrer gedacht, die Cornelia Funkes Bücher im Unterricht lesen und besprechen, um in ihren Schülern die Liebe zur Literatur zu wecken. Ich weiß, wie wichtig für Cornelia die Beschäftigung mit Literatur in der Schule war und wie wichtig Lesen für sie heute noch ist.

Lesen ist wichtig, wenn man nicht alleine sein will – egal, ob man traurig ist oder froh.

Stationen in
Cornelias Leben

Eine Kleinstadt mit einer Bücherei auf Stelzen

Im Sternzeichen des Schützen, am 10. Dezember 1958, wurde Cornelia in Dorsten, einer Kleinstadt in Westfalen, geboren. »Schützen sind geschwätzige Leute«, sagte sie später und schrieb damit ihre Lust am Erzählen den Sternen zu. Ihre Lust am Lesen dagegen verdankt sie nicht zuletzt ihrem Geburtsort. »Dorsten war weder besonders schön noch besonders aufregend«, schrieb sie im Jahrbuch von *Scholastic 2006*. Aber es gab dort die Stadtbücherei, und die war auf Stelzen gebaut, hatte eine Wendeltreppe und sah aus wie ein Baumhaus. Diese Bibliothek weckte in Cornelia schon in frühester Kindheit die Liebe zu Büchern – und zu Baumhäusern. Baumhäuser wurden für sie zu Orten, an denen man, abgehoben von der Erde und mit freiem Blick nach unten, offen ist für eine andere Sicht der Welt. Sie wurden in ihren Büchern zum Motiv für Geborgenheit. Ein ganz besonderes Baumhaus, fast so etwas wie ein großes Baumnest, erfand sie in *Tintentod*, um den verfolgten Kindern aus Ombra Schutz und Rettung zu bieten – und Fenoglio den Freiraum, seine Geschichte schreibend zu einem guten Ende zu bringen.

Abenteuerlust und ein Talent zum Glücklichsein

Cornelia war das erste Enkelkind sowohl in der Familie ihrer Mutter als auch in der ihres Vaters. Entsprechend groß war die Aufmerksamkeit, die ihr geschenkt wurde. Ihre Taufe war ein Ereignis in der Kleinstadt – nicht ganz so ernst und feierlich wie üblich. Cornelias Eltern hatten ihre jeweils jüngeren Geschwister zu Paten gemacht, und deren Freunde mischten die Stimmung jugendlich auf. Da die Paten beide noch nicht volljährig waren, wollte der taufende Probst sie zunächst gar nicht akzeptieren.

Getauft wurde Cornelia auf den Namen Cornelia Maria, doch hätte sie

Cornelia, Weihnachten 1959

auch Meggie heißen können, vielleicht auch Igraine, Emma, Grete, Wespe oder Sprotte, gar Guinever – so wie alle die Mädchen heißen, die sie inzwischen in Büchern zum Leben erweckt hat. Vielleicht steckten sie ja schon alle in ihrem Kopf und warteten nur darauf, herauszukommen und ihre Geschichten zu erzählen. Cornelia wurde nämlich von ihrer Mutter gerne damit geneckt, dass ihr Kopf eigentlich zu groß gewesen sei für ein Neugeborenes. Noch heute, nachdem sie schon über fünfzig Bücher geschrieben hat, sagt die Geschichtenerzählerin: »In meinem Kopf stecken so viele Ideen, dass ein Leben wohl kaum ausreichen wird, um sie alle aufzuschreiben.« Cornelia war ein zufriedenes, fröhliches Kind, ihr helles, spontanes Lachen wurde so etwas wie ihr Erkennungszeichen; gelegentliche Zornesausbrüche waren wohl eher Ausdruck der in ihr schlummernden Energie. Sie wurde, wie sie sagt, mit einem Talent zum Glücklichsein geboren. »Das habe ich vermutlich von meinem Vater geerbt – und die Abenteuerlust von meiner Mutter.«

Cornelias Mutter Wilhelmine, von allen nur Helmi genannt, blond, mit blauen Augen, lacht genauso gerne wie ihre Tochter. Sie gab ihre Arbeit als kaufmännische Angestellte nach Cornelias Geburt auf und verbrachte somit viel Zeit mit ihrer Tochter. Schon als junges Mädchen im Kreis ihrer Geschwister war sie immer offen gewesen für etwas verrückte Ideen, für Theaterspiele und ungewöhnliche Unternehmungen. Sie hat an Cornelias Entwicklung zur Schriftstellerin mit so viel Interesse Anteil genommen, dass sie noch heute

Charly und Helmi als glückliche Eltern (o.) Cornelia und Bruder Volker (u.)

durch täglichen E-Mail-Austausch mit ihrer Tochter auf dem neuesten Stand ist, was Cornelias schriftstellerische und anderweitige Projekte betrifft. Cornelia hat ihr kürzlich, als sie wegen einer schweren Operation im Krankenhaus lag, zwei Elfen geschickt, die ihr Glück bringen sollten. Sie sind noch immer bei ihr, flattern in der Wohnung herum und bei schönem Wetter im Garten.

Cornelias Vater Karl-Heinz, von Beruf Rechtspfleger und nebenberuflich Büchernarr, war für Cornelia Vorleser. Er legte seiner Tochter statt eines Kuschelbären ein Bilderbuch aus Stoff in die Wiege. Er hat viele seiner Eigenschaften an Meggies Vater Mo weitergegeben, seine Ruhe, seinen Humor, seine unaufdringlich fürsorgliche Art. Er wurde und wird im Familien- und Freundeskreis liebevoll Charly genannt – auch für Cornelias Sohn Ben ist er nur Opa Charly, sein Partner im Handballspiel.

Als Cornelia gerade laufen konnte, nahm ihr Vater sie mit in die Dorstener Stadtbücherei, wo sie zunächst Bilder- und Vorlesebücher, später Bücher zum eigenen Lesen holte, jede Woche einmal, das war die Ausleihfrist, und Cornelia hatte die Bücher innerhalb dieser Frist immer ausgelesen. Der Weg dorthin war weit, führte über die Brücken der Lippe und des Lippe-Seiten-Kanals, wo es oft zugig war. Cornelia erinnert sich an die schweren büchergefüllten Plastiktüten, die ihr in die Hand schnitten, aber alle ihre Anstrengungen wurden belohnt, sobald sie in den Regalen voller Bücher wühlen konnte. Sie lieh unter anderem die *Schatzinsel* aus, das *Dschungelbuch*, Bücher von Charles Dickens und Lewis Carroll, auch von Karl May, dem Lieblingsautor ihres Vaters. Sie entdeckte eine Ausgabe der *Chronik von Narnia* von C. S. Lewis – noch nicht oft ausgeliehen und schon etwas verstaubt. Typische Mädchenbücher wie *Heidi* und *Trotzköpfchen* haben sie weniger interessiert.

Inzwischen ist die Dorstener Bücherei schon lange kein Baumhaus mehr, und Cornelia hat dort aus ihren eigenen Büchern vorgelesen. Das war, als sie sich ins Gästebuch ihrer Heimatstadt eintrug und man den Rathaussekt nach ihr benannte. Das Honorar für diese Lesung hat sie der Bücherei gespendet – als Dank für das, was sie ihr verdankt.

Helmi und Charly schenkten ihrer lesenden Tochter einen Bücherkoffer aus Pappmaschee, mit silbernen Metallecken versehen. Cornelia hat ihn mit ihrem Onkel Wolfgang, dem späteren Zeichenlehrer und Professor für

*Eine Familie wie aus dem
Bilderbuch*

Grafik an der Universität Bremen, bunt an-
gemalt. Dieser Koffer war immer dabei, wenn
sie verreiste, und sie packte ihre jeweiligen
Lieblingsbücher hinein. Als sie mit ihrer Oma nach Heidelberg fuhr, um
mich zu besuchen, da hatte sie unter vielen anderen Büchern *Pippi Lang-
strumpf* in ihrem Koffer, und ein bisschen sah sie damals auch aus wie Pippi.
Lesen wollte sie immer und überall, ob sie traurig war oder fröhlich, ob sie
auf dem Teppichboden lag oder in der Sesselecke saß – oder auch auf dem
Klo. Cornelias Lesekoffer taucht dann als Motiv in *Tintenherz* auf, wo Mo
für Meggie eine Bücherkiste baut, die alle Abenteuer in der Tintenwelt
überleben wird.

Nonsenstexte und Raumschiff Enterprise

Zwei Jahre nach Cornelia wurde ihr Bruder Volker geboren. Er war ihr der nächste ihrer Geschwister und blieb es auch lange. Erst im Studium gingen die beiden unterschiedliche Wege, dann auch in ihrem persönlichen und beruflichen Leben. Volker war Cornelias Spielgefährte im Land der Legosteine, das sie fast täglich neu erbauten. Er war Fußballfan wie sie, sah eine Zeit lang aus wie Günter Netzer, und gemeinsam fuhren sie zu den Spielen des FC Schalke 04. Sie übten sich in Otto-Imitationen und zungenbrecherischen Wortspielen, erprobten ihre dichterischen Fähigkeiten, vor allem, wenn es darum ging, Nonsenstexte zu erfinden, skurrile Figuren und abgedrehte Handlungen. Sie rezitierten zusammen das durcheinandergeschüttelte englische Musical *The Frog Prince* und sangen »Ni'm inteen, by mirthday is do-tay« statt »I'm nineteen, my birthday is to-day«. Diese Methode sprachlicher Verfremdung übertrugen sie dann auch auf andere Texte, sicher eine frühe Übung für Cornelia in witzigen Sprachspielereien, wie sie sich immer wieder in ihren Büchern finden.

Cornelia mit ihren Brüdern Volker und Elmar

Es kamen noch zwei weitere Geschwister hinzu, Elmar und Insa, sechs und dreizehn Jahre jünger – für sie war Cornelia die »große« und die »ganz große Schwester«. Ihnen las sie abends vor, unter anderem aus *Andersens Märchen*, aus denen in *Tintenherz* der tapfere kleine Zinnsoldat herausmarschiert. Sie las die Märchen aus *1001 Nacht*, denen Cornelia Farid entnahm, Meggies fremdartigen Freund und Begleiter in der Tintenwelt. Auch *Peter Pan* las sie ihren Geschwistern vor, das Buch, das Meggies Lieblingsbuch wird und aus dem diese dann die kleine kapriziöse Fee namens Tinkerbell herausliest. Insa erinnert sich, dass Cornelia immer wieder die vorgegebenen Geschichten änderte und daraus ihre eigenen machte – oder dass sie erzählend eine neue Folge von *Raumschiff Enterprise* erfand.

Der Bruder Elmar wurde später Cornelias Anwalt und Berater bei Verträgen und Rechtsfragen, ihrer Schwester Insa vertraute sie ihre Website an, den Chat mit ihren Fans. Als mehr als 600 Briefe sich auf ihrem Tisch stapelten, beantwortete Insa auch die Leserpost. Cornelia konnte diese nicht mehr wie früher persönlich betreuen. Sie weiß, dass ihre Leser mit ihren Fragen und Anliegen bei ihrer kleinen Schwester sehr gut aufgehoben sind.

Verbrannte Kuchen, Tapeten zum Malen und Kisten voller Bücher

Cornelia ist in einer richtigen Großfamilie aufgewachsen, der innere Kreis der Eltern und Geschwister wurde erweitert durch Omas, Onkel, Tanten, später auch Cousins, die alle auf die eine oder andere Art Spuren in ihrem Leben und somit auch in ihren Büchern hinterlassen haben. Omas drücken vielen ihrer Geschichten ihren Stempel auf. Oma Slättberg, die Oma ihres Mannes Rolf, gibt ihren Namen an Sprottes Oma in *Die Wilden Hühner* weiter. In Cornelias Leben gab es Oma Anna, die »große« Oma und Mutter ihres Vaters, und Oma Heti oder »Oma Stock«, Mutter ihrer Mutter, die nach einer Hüftoperation immer einen Stock dabeihatte. Dann war da noch Oma Friederike, Cornelias Uroma, deren Worte »Wehr dich, du bist ein Mädchen« Cornelia wohl durch ihre Mutter gehört hat; sie hat sie beherzigt und vielen ihrer Mädchenfiguren mit auf den Weg gegeben. Die Omas in Cornelias Geschichten sind unternehmungslustig, bieten den Enkeln so etwas wie ein Refugium, fordern sie aber auch heraus. Emma aus *Hände weg von Mississippi* lernt von ihrer Oma Dolly, wie man sich gegen Pferdediebe zur Wehr setzt, notfalls mit einer Mistgabel (übrigens eine Anekdote aus Oma Friederikes Leben). Annas Oma Kittel in den *Vorlesegeschichten für Anna* hat Eigenschaften von Cornelias beiden Omas übernommen. Oma Anna war Cornelias Leseoma, Oma Heti mit Kittel die, die immer Kuchen backte, auch wenn er häufiger mal verbrannte – wie bei Annas Geburtstagsfeier.

Bei ihrem Onkel Elmar, dem jüngeren Bruder ihrer Mutter, verbrachte Cornelia – wenn auch schon als werdende Schriftstellerin – einige Wochen im Wasserschloss Ittlingen, wo er damals wohnte. Sie fand dort – vor allem im Dachgeschoss – mit Gerümpel vollgepackte halbdunkle Räume, die sie für ihre *Gespensterjäger in der Gruselburg* inspirierten. Sie hat dieses Buch auch ihrem Onkel und dessen Frau Gitta gewidmet.

Bei ihrem Onkel Wolfgang – Cornelia nennt ihn heute voller Bewunderung den großen Zeichen-

Cornelia am Klavier – eine Zeichnung ihres Künstler-Onkels Wolfgang

künstler – saß sie schon als kleines Kind mit Vorliebe auf dem Fußboden, wenn er arbeitete. Es war in dem Zimmer, in dem sie als Baby ihre ersten Monate verbracht hatte und das dann zu seinem Atelier geworden war. Er hat sie häufig gezeichnet, beim Klavierspiel und auch beim Malen. Er rollte eine Tapete für sie aus und sie malte ganz große Bilder – mit Fingerfarben, Wasserfarben, dicken

Cornelia als Kommunionkind mit ihren Paten

schwarzen Stiften und bunten Kreiden. Dieser frühe Ausflug in die bildende Kunst hat bei ihr Spuren hinterlassen, hat ihrem Wunsch, Bücher zu illustrieren, Nahrung gegeben und auch ihre Geschichten geprägt. Wo sie diese nicht mit Bildern direkt veranschaulicht, zaubert sie mit Worten Bilder vor das innere Auge ihrer Leser.

Ich habe als Patentante über Taufe und Kommunion hinaus Cornelia in ihrem Leben immer so etwas wie begleitet. Als ich 1969 nach Lusaka in Sambia zog, wo mein Mann für eine Hamburger Exportfirma tätig wurde, schrieb Cornelia mir einen langen Brief – es war ihr erster Brief überhaupt. Er reiste zwar per Seepost, was damals ungefähr drei Monate Transportzeit bedeutete, war dadurch aber umso wertvoller, als er endlich ankam. Natürlich habe ich ihn heute noch. Als ich nach sechs Jahren Afrika mit der Familie nach Hamburg zog, half Cornelia beim Auspacken des Umzugsgutes, das heißt der großen Bücherkisten. Sie enthielten viele englische Bücher, vor allem sehr alte, die aus dem Nachlass von Weltenbummlern, Siedlern und Kolonialbeamten in Afrika ersteigert waren. Tagelang tauchte

Cornelia ein in die Kisten, lebte zwischen Bücherstapeln, las und las und las – bis sie dann die Bücher in die Regale ordnete. Ihre Liebe zu den deutschen Klassikern hatte sie schon mit vierzehn Jahren entdeckt, jetzt fand sie neuen Stoff, um ihren Lesehunger zu stillen. Später schrieb sie an mich: »Du hast meine Infektion mit dem Bücher-Virus durch deinen Enthusiasmus ganz entscheidend verschlimmert.« Das war, als ich gerade dabei war, die hier vorliegende Biografie über sie als Schriftstellerin zu schreiben.

Eine Schule für selbstbewusste Mädchen

Ihre Schulzeit verbrachte Cornelia in Dorsten. Nach vier Jahren in der Grundschule ging sie zu St. Ursula, einem Mädchengymnasium, das von katholischen Nonnen geleitet wird. Es existiert auch heute noch, und Cornelia hat inzwischen in ihrer alten Schule auch schon eine Lesung gehalten. Den Nonnen verdankt sie – auch wenn ihr das erst später klar geworden ist – das Bewusstsein, dass Mädchen alles erreichen können, was sie wollen, oder, wie sie es in einem Interview in der *Zeit*

Cornelia bei der Einschulung

sagte, dass es keine Grenzen für Frauen gibt. Diesen Satz hat sie inzwischen auf den Prüfstand gestellt, sowohl was ihre eigene Person als auch, was ihre Heldinnen betrifft. Die haben nämlich, so unterschiedlich sie sind, eins gemeinsam: Sie drehen die üblichen Rollenklischees um.

Ihrer Schulzeit in Dorsten verdankt Cornelia auch ihr politisches Erwachen, wie sie es nennt: »Es war eine sehr politische Schule.« Die Ursulinen wurden auch die roten Nonnen genannt, weil sie in ihrer Privatschule Lehrer einstellten, die aus politischen Gründen nicht in den staatlichen Schuldienst übernommen worden waren.

Eine Veranstaltung an der Schule zu *amnesty international* war für Cornelia wie eine Initiation. Sie begann für Amnesty zu arbeiten, was sie dann während ihrer Studentenzeit und darüber hinaus auch weiterhin tat. Die ersten Unterschriften für eine Unterstützung von Folteropfern in Südamerika erhielt sie von ihren Lehrern.

Sie fühlte sich an der Schule in jeder Hinsicht gefordert, besonders geprägt wurde sie durch den Englisch-, Deutsch- und Geschichtsunterricht. »Als ich an die Universität kam, musste ich mein Gehirn richtig runterschrauben«, sagte sie einmal, um ihrer Schule ein Kompliment zu machen.

Ihr Englischlehrer weckte und förderte in ihr die Begeisterung für die englische Sprache und Literatur. Noch heute kann sie Sonette von Shakespeare zitieren, die er ihr nahegebracht hat. Er erzählte ihr von den schwarzen Reitern Tolkiens, als *Der Herr der Ringe* noch ein wirklicher Geheimtipp war.

»Ich bin hoffnungslos anglophil«, sagt sie. Sie las in und außerhalb der Schule Bücher über Utopien: More, Swift, H. G. Wells, Orwell und Huxley. Dann las sie Charles Dickens und R. L. Stevenson. »Das Erzählen habe ich bei den englischen Erzählern des 19. Jahrhunderts gelernt«, so Cornelia.

Wenn allerdings gerade die englischen Kritiker und Freunde ihr heute sagen, dass ihre Geschichten wesentlich aus dem deutschen Märchenschatz und den Erzählungen der deutschen Romantik schöpfen, dann freut sie das. Sie liebt nämlich Novalis und Heine, und inspiriert von E.T.A. Hoffmanns *Nussknacker und Mausekönig* hat sie gerade ein Drehbuch geschrieben – in Zusammenarbeit mit einem Engländer.

Cornelias Deutschlehrer erkannte schon früh ihr Talent zum Schreiben, auch wenn sie, wie er meinte, beim Aufsatz zu unbekümmert mit der Aufgabenstellung umging. »Ungewöhnlich am Thema vorbei«, schrieb er oft unter ihre Arbeiten. Bei ihm hat sie ihre Liebe zur klassischen Literatur entdeckt, zu Kleist, Schiller und zu Goethe. Den ersten und zweiten Teil des *Faust* hat sie im Deutschunterricht mit Begeisterung gelesen und sich später für den *Drachenreiter* Homunkulus daraus geholt, das kleine Geistmännlein in der Glasvitrine. Schiller hingegen verdankt sie die Überzeugung, dass die Kunst den Kampf gegen das Böse nur gewinnen kann, wenn sie es in seiner ganzen Stärke und Brutalität zeigt und so die Kraft und Macht des Guten herausfordert.

Ihr Lehrer verfolgt noch heute Cornelias Karriere mit Interesse und wird von ihren Eltern in Dorsten auf dem Laufenden gehalten. Seit *Tintenherz* erschienen ist, steht sie mit ihm in Briefkontakt.

Schwester Paula, alias Tisa von der Schulenburg, eine inzwischen weit über die Grenzen Deutschlands hinaus bekannte Malerin und Bildhauerin, hat als Kunsterzieherin über viele Jahre hinweg den Kunstunterricht der Schule geprägt.

Charly und seine 4: Cornelia, Volker, Elmar, Insa

Cornelia (rechts u.) mit ihren Klassenkameradinnen

Auf dem Dorstener Marktplatz steht ein von ihr gestalteter Brunnen. Sie gehörte dem Widerstand um den 20. Juli an – ihr Bruder wurde hingerichtet – und sie sah in der Kunst eine Möglichkeit, dem Schrecken des Realität gewordenen Bösen Ausdruck und Form zu geben. Cornelia hat Schwester Paula nicht mehr als Lehrerin erlebt, doch hat sie sie als Mensch immer bewundert, und was Cornelia ihren Büchern im Kampf gegen das Böse zutraut, entspricht ganz der Sichtweise der bildenden Künstlerin Tisa von der Schulenburg. Cornelia ist nach Schwester Paulas Tod in die *Stiftung Tisa von der Schulenburg* eingetreten.

Cornelias Klassenkameradinnen erinnern sich zuerst an das helle, spontane Lachen, das Cornelia heute noch auszeichnet, ihre gute Laune und ihre Großzügigkeit, wenn es darum ging, andere von ihren Leistungen profitieren zu lassen. Sie schildern sie als eher still und zurückhaltend, nicht abhängig von Trends oder modischen Cliquen. Cornelia suchte sich bewusst die Menschen, die zu ihr passten. Mit ihnen lebte sie auf, teilte mit ihnen ihre Begeisterung für Kino und Theater. Mit ihrer Freundin Renate fuhr sie nach Paris ins Theater, nach Salzburg zu den Festspielen, sah Klaus Maria Brandauer in *Weh dem, der lügt* und ist seitdem ein Brandauer-Fan.

Am lebendigsten war sie, wenn sie selbst erzählen konnte, auf langen Spaziergängen mit der Freundin in den »wunderbaren Wiesen am Kanal«, wie sie sie nannte. »Sie schien immer zu erzählen, auch wenn sie alleine spazieren ging, mit wiegendem Gang, in sich selbst versunken«, erinnert sich Renate.

Von Besuchen bei einer Freundin, die im nahe gelegenen Lembecker Wasserschloss wohnte, erinnert sich Cornelia noch heute an das spielende Eintauchen in die Atmosphäre der mittelalterlich anmutenden Räume in Faschingsverkleidung oder Theaterkostümen, an Schlossfeste mit Spielleuten und Zauberern. In *Tintenblut* erkennt man dieses Schloss als Kulisse, wenn Meggie sich nach Ombra, die Stadt des Speckfürsten, hinüberliest.

Eine Stadt, in die Cornelia »vernarrt« ist

Im Frühjahr 1978 machte Cornelia ihr Abitur und zog nach Hamburg, die Stadt, die ihr schon von Besuchen mit ihrem Vater und ihrem Patenonkel Horst und von Ferienaufenthalten während ihrer Schulzeit vertraut war. Sie war in diese Stadt »vernarrt«, wie sie sagt, und sollte sie für mehr als 25 Jahre zu ihrer Heimat machen. In der Stadt an Alster und Elbe studierte sie, lernte sie ihren Mann kennen, hatte sie ihren ersten Arbeitsplatz, sah sie ihre Kinder heranwachsen und wurde zur Illustratorin und dann zur Schriftstellerin. Cornelia schrieb sich an der Universität Hamburg ein, studierte Soziologie und Sozialpädagogik und schrieb ihre Examensarbeit über den im Dritten Reich emigrierten Soziologieprofessor Theodor Wiesengrund Adorno. Im *Drachenreiter* hat sie Barnabas Wiesengrund nach ihm benannt, den Professor für Fabelwesen.

Cornelia wohnte zuerst im Studentenwohnheim, dann im Wohnheim des Hansa-Kollegs, einem Institut des Zweiten Bildungsweges, wo ich unterrichtete und wo sie Rolf kennenlernte, ihren späteren Mann. Er machte dort gerade sein Abitur, war mein Schüler in den Fächern Deutsch und Englisch, vor allem aber im Fach »Darstellendes Spiel«. Sie kam mit auf eine Projektreise nach London, die ich mit meinem Englisch-Leistungskurs machte, zu dem auch Rolf gehörte. Sie verbrachte sehr viel Zeit bei mir zu Hause, wurde für ihre Cousins Wolfram und Oliver so etwas wie eine große Schwester. Unter dem Dach baute sie Zelte aus afrikanischen Webdecken, in denen sie zur Erzählerin wurde und zur Vorleserin. Sie las vorwiegend englische Geschichten, da ihre Cousins in Afrika mit der englischen Sprache aufgewachsen waren: Richard Scarrys Geschichten von *Lowly Worm*, die Abenteuer des *Doctor Dolittle*, *Alice in Wonderland* und vor allem *Lord of the Rings*. Ihren Cousin Wolfram nannte sie den kleinen Superklugen und häkelte für ihn einen Homunkulus, grün mit großen weißen Augen und schlaksigen Beinen und Armen. Wolframs Sohn Noah, in

Cornelia als Studentin und Rolf als Schüler des Hansa-Kollegs

Amerika geboren und aufgewachsen, ist heute einer von Cornelias kritischen Erstlesern.

Cousin Oliver war für sie immer ein kleines Monster und sie widmete ihm – zusammen mit ihrem Bruder Elmar – das Buch über das Erdmonster *Zottelkralle*. Später übersetzte Oliver einige ihrer Bücher ins Englische, und heute ist er ihr Agent und vertritt die Auslandsrechte ihrer Bücher.

Ein Homunkulus für Cousin Wolfram

Für Rolf, immer – it was the best of things to be married to Dustfinger

In der Theatergruppe des Hansa-Kollegs, die von mir geleitet wurde, engagierte Cornelia sich bei den Proben und bei der Bühnengestaltung. Für eine Inszenierung von Brechts *Der gute Mensch von Sezuan*, in der Rolf die Rolle des arbeitslosen Fliegers spielte, entwarf sie mit ihm das Bühnenbild. Rolf war künstlerisch begabt wie sie und zusammen projizierten sie die von Brecht dem Textbuch beigegebene *Maske des Bösen* – »Die geschwollenen Stirnadern andeutend, wie anstrengend es ist, böse zu sein«, so Brechts Kommentar – auf eine zwei mal drei Meter große Leinwand, malten sie mit schwarzer Tusche auf weißen Leinengrund und übersprühten sie mit Goldbronze.

Cornelia und Rolf haben dieses Bühnenbild behalten und bei sich gehabt, wo immer sie wohnten. Auch in ihrem Haus in Los Angeles hängt es im Arbeitszimmer. Es drückt aus, was für Cornelia der Begriff des Bösen schlechthin ist.

Zwischen Cornelia und Rolf entwickelte sich eine enge Beziehung, aus der eine lebenslange Liebe wurde. Spätestens als sie ihn in Tankred Dorsts *Der gestiefelte Kater* auf der Bühne sah, so erzählt sie, habe sie sich »rettungslos« in ihn verliebt. Sie gab ihm den Kosenamen Kater – dann, nach einem längeren gemeinsamen Aufenthalt in Italien, nannte sie ihn *gattolino*. Rolf kam aus einer ganz anderen Welt als sie, war zwei Jahre in Afrika gereist, bevor er in Hamburg ans Kolleg kam. Er sah ein bisschen aus wie ein Vagabund mit seinen ungezähmten Locken, passte eher auf einen mittelalterlichen Markt als ins Alstertaler Einkaufszentrum. Als Cornelia Staubfinger erfunden hatte, spürte sie, dass Rolf sowohl im Aussehen als auch mit vielen seiner Eigenschaften Pate gestanden hatte für den Feuertänzer aus der Tintenwelt – deshalb die Widmung in *Tintentod*.

Rolf und Cornelias »Maske des Bösen« nach Bert Brecht

Cornelia zog ins Wohnheim des Hansa-Kollegs, wo auch Rolf wohnte, dann in ein kleines, altes Siedlungshaus am Rande Poppenbüttels, einem Vorort Hamburgs. Cornelia und Rolf heirateten und begannen ein gemeinsames Leben, von dem Cornelia heute sagt: »Wir haben fast jede Stunde miteinander verbracht.« Sie legten einen Gemüsegarten an, errichteten eine Voliere voller bunter Vögel und hielten Hühner in dem kleinen Hühnerhaus im Garten. Sie holten sich Rico, einen Mischlingshund mit sandfarbenem, langhaarigem Fell, aus dem Tierheim. Es war alles in allem ein Haus, wie Cornelia es in ihrer Serie *Die Wilden Hühner* als Oma Slättbergs Haus beschrieb, und das Hühnerhaus war sicher mit verantwortlich dafür, dass sie die Rechte an ihren ersten Büchern, die in englischer Sprache erschienen, an den Verlag *The Chicken House* gab.

Nach dem Examen begann Cornelia auf einem so genannten Bauspielplatz in einer neuen Hochhaussiedlung am Tegelsbarg, einem sozialen Brennpunkt Hamburgs, ihre erste berufliche Tätigkeit als Diplompädagogin. Es ging um die Betreuung von Kindern nach der Schule, Hilfe bei Hausaufgaben und vor allem um die Förderung der Kreativität – so das Programm der Bauspielplätze – sozial benachteiligter Mädchen und Jungen. Es war eine Arbeit wie für Cornelia gemacht. Allerdings war sie auch sehr belastend, da sie dort mit Kindern zusammenkam, deren Schicksale so bewegend waren, dass sie diese nie vergessen wird. Sie traf Kinder, die in frühem Alter schon ganz auf sich gestellt waren, mit einem Zuhause, das eigentlich keins war und dem sie nur entfliehen wollten, Geschwisterpaare, die sich gegenseitig die Eltern ersetzten. In ihren Venedig-Roman gehen sie als Prosper und Bo und als deren Freunde in Scipios Straßenbande ein. Cornelia begegnete hier auch einigen der Jungen und Mädchen, die ihre späteren Leser in *Die Wilden Hühner* kennenlernten: Sprotte und ihre Taxi fahrende Mutter; auch Willis prügelnder Vater könnte aus diesem Umfeld kommen. Cornelia verwirklichte mit den Kindern ihren Traum vom Baumhaus, und Jungen, die noch nie ein Buch angefasst hatten, brachte sie zum Lesen, indem sie erzählte und vorlas.

Neben ihrer Arbeit auf dem Bauspielplatz studierte Cornelia an der Hamburger Fachhochschule Buchillustration, Rolf, gelernter Buchbinder, studierte Architektur an der Kunsthochschule. Bei mir im Wohnkeller gab Cornelia zwei Mädchen Kunstunterricht, mit denen sie noch heute Kontakt hat, und auch mit ihren Jungen und Mädchen vom Bauspielplatz mal-

te und zeichnete sie. Ihr erstes Geld als gestaltende Künstlerin verdiente sie
mit einem Poster *Mehr Zeit für Kinder*, es wurde von verschiedensten Orga-
nisationen genutzt, wenn familienfreundliche Aktionen auf dem Programm
standen. Für die *Brigitte* gestaltete Cornelia eine Zeit lang die Kinderseite,
auch illustrierte sie für die Taschenbuchreihe rororo rotfuchs. Sie entwarf
für den Arena Verlag das Umschlagbild für Paula Fox' *Der Schattentänzer*
und entdeckte ihre Begabung für sinnen- und detailfreudige Zeichnungen,
in Schwarz-Weiß oder farbenfroh koloriert. Sie entwarf Illustrationen zu
Oscar Wildes Märchen *Der selbstsüchtige Riese*, eine Arbeit, die Spuren hinterlassen hat in *Tintentod*, wo plötzlich ein Riese erscheint, von Fenoglio
herbeigeschrieben, um die Kinder in ihren Baumnestern zu schützen.

»Mehr Zeit für Kinder« – Cornelias erstes Poster und Sinnspruch für ihr späteres Schreiben

So sah es ganz so aus, als ob Cornelia eine Karriere als Zeichnerin und Illustratorin vor sich hätte. Doch es kam anders. Eines Abends, so erzählt sie, setzte sie sich auf ihr Bett und fing an zu schreiben. Dabei ging es ihr zunächst hauptsächlich darum, Texte zu haben, die zu den Bildern passten, die sie im Kopf hatte, und das waren Drachen, Seenymphen, Kobolde und Feen. Um »richtige« Bücher schreiben zu können, glaubte sie warten zu müssen, bis sie alt wäre, denn das waren Schriftsteller für sie: alt oder tot. Dass das Schreiben dann allmählich ihr Zeichnen verdrängen würde, wäre ihr damals noch nicht in den Sinn gekommen. Später dagegen sagte sie: »Es kitzelt mich in den Fingern, wenn ich nicht jeden Tag mindestens am Plot arbeite. Wenn ich fünf oder sechs Arme hätte, würde ich drei Bücher auf einmal schreiben.«

Fünf oder sechs Arme hat sie immer noch nicht, aber an mehreren Büchern gleichzeitig schreibt sie zurzeit in ihrem Schreibhaus in Los Angeles – seit ihre drei Bücher aus der Tintenwelt fertiggestellt sind.

1988 erschien *Die große Drachensuche* von Cornelia Funke. Das war ihr erstes eigenes Buch, von ihr geschrieben und von ihr illustriert, mit dem Untertitel *Ben und Lisa fliegen aufs Dach der Welt*. Sie hatte es dem Verlag Friedrich Oetinger angeboten, ihrem Wunschverlag wegen Astrid Lindgren und Erich Kästner – allerdings unter einem Pseudonym, da Buchillustrationen unter ihrem Namen vorher abgelehnt worden waren. Erschienen ist es dann in der Benzinger Edition des Arena Verlags. Kinder sind die Helden dieser Geschichte – zusammen mit Lung, einem Fabelwesen – und das Thema ist eins, das bis heute Cornelias Schreiben bestimmt: Abenteuer, die im Alltag entdeckt werden, von denen Kinder sich ins Reich der Fantasie entführen, aber auch wieder in den Alltag zurückbringen lassen – allerdings verändert, glücklich und voller Sehnsucht zugleich.

Cornelia wollte Schriftstellerin werden, das stand jetzt fest, und so gab sie ihre Arbeit auf dem Bauspielplatz schweren Herzens auf.

Anna, wunderbare Anna, und Ben, der wildeste Bruder der Welt

Am 10. Dezember 1989 – an Cornelias Geburtstag – wurde Anna-Lena geboren, Rolf und Cornelias erstes Kind. In den *Vorlesegeschichten für Anna* bekam sie später ihr eigenes Buch, angereichert mit ihren Kinderzeichnungen, und mit der Widmung »Für Anna, wunderbare Anna« versah Cornelia den Roman *Tintenblut*. Meggie, die Heldin der Tintenwelt, hat viele ihrer Eigenschaften mit Anna gemeinsam.

Rolf und Cornelia mussten das kleine Häuschen in Poppenbüttel verlassen, es wäre auch so allmählich zu eng geworden. Cornelia brauchte ein Arbeitszimmer zum Zeichnen und Schreiben. Sie fanden ein größeres Haus in Wellingsbüttel, ohne Hühnerhaus, aber mit Platz für Kinder und einem großem Garten. Dort wohnten Cornelia, Rolf, Anna und Rico, bis 1994 Sohn Ben geboren wurde und auch dieses Haus zu eng wurde und sie in ihr Haus an der Alster in Hamburg-Wohldorf zogen. Bis dahin aber war neben etlichen anderen Büchern *Potilla und der Mützendieb* entstanden, das erste Buch, das beim Dressler Verlag erschien, dem Verlag, dem sie dann ihren stetig wachsenden Erfolg verdankte und dem sie bis heute treu geblieben ist. Auch der erste Band über die Mädchenbande der *Wilden Hühner* war erschienen und die ersten zwei Folgen der *Gespensterjäger*, die Cornelia auf Anregung von Markus Niesen, damals Cheflektor im Loewe Verlag, schrieb. Ihm verdankte sie übrigens auch die Anregung zu ihren Geschichten vom kleinen Werwolf und Käpten Knitterbart – *Der kleine Werwolf* erschien im Verlag Ars Edition, *Käpten Knitterbart* bei Loewe. Cornelia schrieb, ebenfalls noch in Wellingsbüttel, das Hexenbuch von Lilli und Rosanna, ein Koboldbuch und das Weihnachtsbuch *Als der Weihnachtsmann vom Himmel fiel*.

Alle diese Bücher, auch die weiteren Bände der *Wilden Hühner*, hat Cornelia noch selbst illustriert – erst allmählich spürte sie, dass das Schreiben ihr keine Zeit mehr ließ zum Zeichnen. Sie suchte die Zusammenarbeit mit einer Illustratorin, die sie ziemlich schnell in Kerstin Meyer fand, und diese

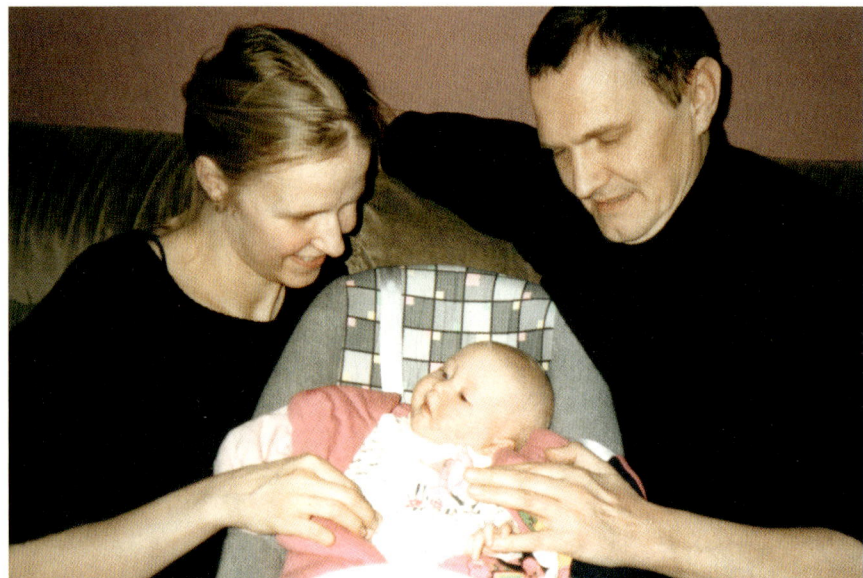

Rolf und Cornelia mit Baby Anna-Lena (u.), mit Anna und Ben (o.)

Zusammenarbeit wurde dann so intensiv und auch für Cornelia so anregend, dass Bücher wie *Das Piratenschwein* und *Emma und der Blaue Dschinn* nur entstanden, weil Kerstin Schweine und Dromedare malen wollte. Die Zusammenarbeit dauert schon mehr als zehn Jahre, und zurzeit entsteht ein gemeinsames Bilderbuch über Engel – natürlich die Engel aus Los Angeles, der Stadt der Engel – mit Cornelias Geschichten und Kerstins Bildern.

Cornelia und ihr Verlag

Als Cornelia *Die große Drachensuche,* ihr erstes Buch, fertig hatte, konnte sie sich nichts Schöneres vorstellen, als dass ihr Buch im Verlag Friedrich Oetinger erscheinen würde, dem Verlag ihrer Lieblingsautorin Astrid Lindgren, die übrigens am gleichen Tag Geburtstag hat wie Cornelias Sohn Ben. Sie hatte gehört, dass der Verlag erst mit Astrid Lindgren zu einem Kinderbuchverlag geworden war und dass Heidi Oetinger, die große alte Dame des Verlags, mit Astrid Lindgren befreundet sei, dass die Übersetzung zu Pippi im Familienkreis am Küchentisch diskutiert und abgesegnet worden sei. Sie wusste auch, dass Heidi Oetinger in ihrem hohen Alter noch jedes angenommene Manuskript selbst las – zumindest erzählte man sich das.

Nun wusste sie aber auch, dass von ihr eingereichte Illustrationen vom Verlag abgelehnt worden waren, und sie traute sich nicht, ihren Namen bekannt zu geben, als sie ihr erstes Manuskript einreichte. Also reichte sie es unter einem Pseudonym ein.

Sie wohnte damals in Poppenbüttel, nicht weit von Duvenstedt, wo der Verlag Friedrich Oetinger in einer alten Villa hinter hohen Hecken residiert. Wenn Cornelia dort vorbeikam, schaute sie durch die Hecke und stellte sich vor, Heidi Oetinger in ihrem ▶

Garten sitzen zu sehen, ihr Manuskript lesend. Sie wäre dann sicher hineingegangen und hätte sich gezeigt als die eigentliche Autorin dieses Buches.

Was sie sich da vorgestellt hatte, passierte nicht. Ihr Buch erschien in der Benziger Edition des Arena Verlags. Doch sie blieb weiter in Kontakt mit ihrem Wunschverlag durch die Dressler-Lektorin Catrin Frischer und konnte dann ihr Buch über *Potilla*, die Feenkönigin, im Cecilie Dressler Verlag, einem Verlag der Verlagsgruppe Oetinger, erscheinen lassen. Und von da an erschienen und erscheinen fast alle ihre Bücher im Cecilie Dressler Verlag. Ohne Uwe Weitendorf, den damaligen Verlagsleiter und Schwiegersohn von Heidi Oetinger, wäre ihr erstes ganz großes Buch vielleicht gar nicht geschrieben worden. Doch das ist die Geschichte des *Drachenreiters*, der seinen Ursprung in *Die große Drachensuche* hatte.

Was den Verlag Friedrich Oetinger betrifft, so pflegt Cornelia inzwischen menschlichen und literarischen Kontakt auf Augenhöhe sowohl mit Heidi Oetinger als auch mit Silke Weitendorf, deren Tochter. Sie ist in die Fußstapfen von Astrid Lindgren getreten – diese sind für sie inzwischen nicht mehr zu groß.

Hier ist es wie in Bullerbü

Mit dem Umzug nach Hamburg-Wohldorf in eine am Ufer der Alster gelegene alte Rotklinkervilla – ein bisschen wie Pippis Villa Kunterbunt, mit großem, verwildertem Garten und einer Veranda voller Blumen – schufen Rolf und Cornelia sich und ihren Kindern ein Refugium, in dem Cornelia dann zur ganz großen, international bekannten Kinderbuchautorin wurde. »Hier ist es wie in Bullerbü«, schrieb der *Stern* als Kommentar zu einem Interview, das in diesem Haus geführt wurde. Im Obergeschoss mit Blick auf die Alster richtete Cornelia ihr Schreibzimmer ein,

*Cornelias Schreibtisch, angereichert
mit allem, was sie gerade zum
Schreiben braucht*

und eigentlich war es schon so, wie sie nach
ihrem späteren Umzug nach Los Angeles
ihr dortiges Arbeitszimmer im Schreibhaus
auch eingerichtet hat: ein großer Schreib-
tisch, umgeben von Regalen, in denen jeweils die Bücher stehen, die sie
braucht, um ihren Geschichten das richtige Umfeld zu geben, Pinnwände
mit Bildern, Zeichnungen und Entwürfen, Stichwortzetteln, Reiseberich-
ten, Zeitschriften, Stadtplänen und Grundrissen von Häusern und Burgen
– je nachdem, woran sie gerade arbeitet. Arrangements von Souvenirs und
Fan-Artikeln findet man, mythische Figuren und Fabelwesen – vor allem
Drachen und Riesenschlangen, die von der Decke hängen –, Marionetten,

Blumen, Kräuter und, wenn sie den Geruch der Kobolde braucht, auch Pilze, das Stövchen mit dem Tee oder der Espressokanne, die Kerze und dann die Musik: mittelalterliche Klänge, wenn sie sich in der Zeit zurückversetzt, und zur Konzentration Bachs *Das Wohltemperierte Klavier.*

Hier in Wohldorf entwickelte Cornelia einen Tagesrhythmus, der es ihr erlaubte, fünf bis sechs Stunden zu arbeiten, ohne die Kinder zu vernachlässigen. Sie arbeitete morgens, recherchierte, entwarf und verwarf Plots und Figuren, schrieb Geschichten, korrigierte, löschte, schrieb neu und wieder neu. Sie hatte und hat sehr hohe Ansprüche, vor allem auch an die Sprache ihrer Bücher. »Kinderbücher müssen wie Erwachsenenbücher geschrieben sein – nur besser.« Diese Herausforderung eines Autoren-Kollegen hatte sie als Notizzettel an ihren Computer geklebt. Mittags brauchte sie eine Pause und nachmittags ging sie auf die Koppel zu den Pferden – Jarpur und Sneglia mit Namen –, ging mit den Kindern an der Alster spazieren, falls sie nicht mit den Nachbarskindern unterwegs waren, und mit Luna, einer Mischlingshündin, halb Collie und halb Retriever, die Rico ersetzt hatte. Für die Kinder nahm sie sich immer Zeit, auch wenn sie wusste, dass sie bei Rolf gut aufgehoben waren. Sie wuchsen zu kritischen Erstlesern ihrer Texte heran, halfen ihr, wenn sie Ideen brauchte. Auch Ben war inzwischen zu einem Jungen geworden, der in ihre Bücher einging, und nicht nur als der *Wildeste Bruder der Welt.* Er hatte ja dem *Drachenreiter* schon seinen Namen gegeben, bevor er geboren wurde. Für den *Herrn der Diebe* gab er Bo – fünf Jahre alt wie er damals – viele seiner Eigenschaften und hat so die Herzen der Leser für sich gewonnen.

Rolf hatte inzwischen sein Studium beendet und war zu Cornelias »souveränem Begleiter der Notwendigkeiten des Alltags« geworden, wie *Die Zeit* es formulierte. Er stand ihr immer zur Seite, beriet sie beim Schreiben, illustrierte mit ihr, war Hobbykoch, umsichtiger Hausmann. Den Abend verbrachten Rolf und Cornelia, beide leidenschaftliche Filmfreaks, meist in ihrer eigenen Cinemathek – so hätte man ihre Filmesammlung nennen können. Seit sie wegen der Kinder abends nicht mehr ins Kino gehen konnten, hatten sie angefangen, Videos und DVDs zu sammeln. Dass Cornelia in einigen Jahren ihren größten Wunsch erfüllt sehen würde, nämlich den, ihre Bücher als Filme ansehen zu können, das konnte sie damals noch nicht ahnen.

Rico, Luna, Jarpur und Sneglia: Cornelias Hunde und Pferde

Cornelia und Insa mit Luna (o.); Cornelias Pferde als Aquarell (u.)

Rico, der Mischlingshund aus dem Tierheim mit langhaarig fahlem Fell, war Rolfs und Cornelias erster Hund. Ihm hat Cornelia ihr Hundebuch *Greta und Eule, Hundesitter* an erster Stelle gewidmet. Er wuchs auf mit Haus- und Gartenvögeln, Kaninchen, vielen Hühnern – und dann vor allem mit Anna-Lena. Sie kuschelte sich mit ihm in seinen großen runden Hundekorb und tobte mit ihm im Garten herum – bis sie, wenn sie aufrecht stand, größer war als er. Er wurde wohl ▶

eifersüchtig – so wenigstens erklärte es der Tierpsychologe – und glaubte sein Tierreich verteidigen zu müssen. Er biss zu und Annas Oberlippe musste genäht werden. Rico konnte natürlich nicht bleiben. Das war ein schmerzlicher Verlust – vor allem für Anna. Sie weiß, dass Hunde Dinge tun, die man menschlich nicht verurteilen darf.

Später kam dann Luna ins Haus – genannt nach Gretas Lieblingshund aus dem Hundesitterbuch. Greta hat ihn gefunden, angebunden an einen Baum, hungrig, durstig und sehr, sehr traurig. Luna hat struppiges schwarzes Fell mit einem weißen Fleck auf der Brust, Schlappohren, von denen sie eins aufstellen kann, und tiefglänzende Augen. Die reale Luna ist heute noch bei Cornelia, und sie verlangt jeden Morgen nach einem großen Ausflug in die Berge von Beverly Hills – es gibt nichts, was Cornelia lieber tut.

Neben Hunden waren es immer Pferde, die Cornelias Zeichenblöcke füllten. Sie zeichnete sie auf der Pferdekoppel, porträtierte sie im Stall, als Tuschzeichnungen oder als Aquarelle. Cornelia lernte reiten, pflegte und fütterte auch Pferde, die ihr nicht gehörten – bis sie dann endlich ihre eigenen Pferde hatte. Es waren die Islandpferde Jarpur und Sneglia. Jarpur war ein vernachlässigtes, ja misshandeltes Pferd, das zunächst sehr unzugänglich war und das Cornelia aufgepäppelt und gesund gepflegt hat. Sneglia wurde Annas Reit- und Pflegepferd. Beide Pferde hatten ihren Stall auf dem Pferdehof im ländlichen Vorort Hamburgs, wo Cornelia wohnte. Sie hatten eine große Wiese zum Auslauf, und zu Cornelias Tagesrhythmus gehörte der nachmittägliche Gang zu den Pferden – natürlich bei jedem Wetter.

Jarpur und Sneglia sind noch heute in ihrem Heimatstall und Cornelia besucht sie jedes Mal, wenn sie in Hamburg ist.

Schriftsteller, der schönste Beruf der Welt

Ihre Schreibenergie allerdings ließ sich nicht mehr bremsen. Die Bücher, die sie seit der *Drachensuche* geschrieben hatte und die sie in ihrem Alsterrefugium noch schrieb, sind so vielfältig, dass sie nur einen Schluss zulassen: Was sich in den ersten drei Jahrzehnten ihres Lebens in Cornelias Kopf angesammelt hatte oder gar bei ihrer Geburt schon drin war, brach aus ihr heraus, verlangte nach Gestaltung, wollte erzählt, aufgeschrieben und vorgelesen werden. Was sie erlebt und beobachtet, geträumt und sich vorgestellt hatte, in Büchern gelesen und in Filmen gesehen, das machte sie mithilfe ihrer Fantasie, mit der Zauberkraft der Buchstaben, mit der sinnlichen Kraft der Sprache zu Geschichten. Diese konnten sich allerdings beim Schreiben verselbstständigen und sich dann aus Quellen speisen, derer Cornelia sich selbst nicht bewusst war. »Oft lass ich mir die Geschichten von meinen Figuren ins Ohr flüstern, dann sitzen sie schon auf meinem Computer, wenn ich morgens reinkomme.« Manchmal wusste sie selbst nicht mehr, ob sie eine Romanfigur geworden war und in ihren eigenen Büchern lebte. Dem Schriftsteller Fenoglio, dem fiktiven Autor von *Tintenherz*, hat sie es an ihrer Stelle ermöglicht, in die von ihm geschaffene Welt hinüberzugleiten und dort zu leben wie in der wirklichen Welt.

Cornelias Themen waren und sind breit gestreut, ihre Leser sind kleine, große und auch ganz große Kinder. Ihre Bücher erzählen von Drachen, frechen und dicken Feen, von vorwitzigen Kobolden, wilden kleinen Hexen, Nixlingen und Seeteufeln, sie beschwören die Wilde Berta mit ihrer Tochter Molly, Lasso-Hilda und Käpten Knitterbart, präsentieren Ritter mit dem Namen Namenlos und Ritterinnen wie Igraine Ohnefurcht, Prinzessinnen, die keine sein wollen und sich im Schweinestall am wohlsten fühlen. Sie enthalten Geschichten von Hunden und deren Hundesittern, von Pferden wie Knipperbuschs Lieblingspferd Mississippi, von Seeräubern, Cowboys und dem Piratenschwein Jule. Sie sind wie Kalender,

*Cornelia mit ihren Kindern im Wald von Schloss Ittlingen (s. S. 18) – auch ein »Wegloser Wald«
wie später in der Tintenwelt.*
Anna und Ben als Schlossbewohner (kleines Bild)

deren verzauberte Fenster sich öffnen lassen, und erlauben den Kindern
Zutritt zu dem Bauwagen, in dem Julebukk, der Weihnachtsmann, seine
Werkstatt hat. Sie enthalten neben den Abenteuern der Wilden Hühner,
der Pygmäen und der Gespensterjäger Strand-, Monster-, Tier-, Dachbo-
den- und Rittergeschichten und Vorlesegeschichten für die, die noch nicht
lesen können.

Der Traum vom Saum des Himmels

Die große Drachensuche hatte noch kein Ende gefunden. Ein Filmprodu-zent der Augsburger Puppenkiste trat an Cornelia heran, um das Buch als Puppenspiel zu verfilmen. Das war für sie als großer Fan von *Jim Knopf* eine Herausforderung und sie begann am Drehbuch zu arbeiten. Da spür-te sie, dass sie über Ben, den Drachenreiter, und Lung, den Drachen, ei-gentlich noch viel mehr zu erzählen hatte, als zwischen die Deckel eines normalen Kinderbuchs passen würde. Ihr wurde etwas schwindelig bei dem Gedanken, dass sie bestimmt mehr als ein Jahr brauchen würde und sicher so etwas wie 600 Seiten, um alles zu erfassen, was in ihrem Kopf he-rumschwirrte. Ein so dickes Buch wollten Kinder sicher nicht lesen – je-denfalls wurde das immer behauptet. Da ermunterte sie ihr Verleger Uwe Weitendorf, sagte ihr, dass er an den Erfolg eines solchen Buches glaube, und versprach ihr, es zu verlegen. Und so konnte 1997 der *Drachenreiter* erscheinen, ein »richtig dickes« Buch, keine illustrierte Geschichte mehr, sondern ein Roman, mit Cornelias fliegendem Mondscheindrachen auf dem Buchdeckel und Vignetten am Anfang jeden Kapitels. Ihr Verleger hat die Veröffentlichung und den großen Erfolg nicht mehr erleben können, da er kurz vorher verstarb. Cornelia hat für ihn auf der ersten Seite die tibetische Totenstupa gezeichnet und darüber die Widmung geschrieben »Für Uwe Weitendorf«.

Mit dem Erfolg des *Drachenreiter* wurde Cornelia eine bekannte Größe in der Welt der Kinderbücher. Zwar hatte sie durch ihre *Wilden Hühner* schon eine riesige Fangemeinde, die Amulette aus Hühnerfedern trug und mit Cornelia über die Abenteuer von Sprotte und ihrer Bande korrespondierte, doch bekam ihr Name eine neue Dimension.

Das Leben in ihrem Haus an der Alster wurde unruhiger und hektischer. Es kamen die ersten Preise – die musste sie entgegennehmen und dabei kleine Reden halten. Unter den Preisen waren auch solche mit so schönen

Namen wie die *Kalbacher Klapperschlange*, *Mein Rucksackbuch*, *La vache qui lit*, *Rattenfänger-Literaturpreis*, *Leselotse*, *Wildweibchenpreis* oder *Nordstemmer Zuckerrübe*. Die Anfragen nach Lesungen mehrten sich, Cornelia konnte nur schlecht Nein sagen, da sie gerne liest, auch noch heute, wo sie es eigentlich kaum noch kann –: in Schulen und Buchhandlungen, bei Buchmessen, an öffentlichen Vorlesetagen und auf ihren eigenen Lesereisen. Ihre Kinder nahm sie meist mit, sie wollte sie teilnehmen lassen an ihrem Leben. Ihre Fanpost wuchs, bergeweise lag sie auf ihrem großen Tisch im Glashaus und wartete auf das Wochenende. Sonntags morgens öffnete Cornelia die Briefe, las, freute sich über das, was die Kinder ihr schickten: Zeichnungen, Fotos, kleine Geschenke, Gedichte und eigene Texte. Sie beantwortete jeden Brief, schrieb Autogramme, signierte Poster, auch Fotos von sich, wenn die Kinder es wollten, fügte kleine Skizzen und Zeichnungen hinzu, schrieb Grüße – was ihr gerade so einfiel. Sie hat dadurch ein sehr intensives Verhältnis zu ihren Fans aufgebaut, etwas, das sie bei Lesungen immer spürte und dem sie sicher auch einen großen Teil ihres Erfolgs verdankt.

Auch die Presse hatte Cornelia Funke zunehmend im Visier. Natürlich freute sie das, aber andererseits kostete es viel Zeit und gute Laune. Die schien sie eigentlich immer zu haben – das bestätigen schließlich alle ihre Interviewpartner. Ihr Lachen wurde zu ihrem Markenzeichen. Und wenn sie dann zum *Drachenreiter* in der *SZ* las: »Schmöker sind etwas Besonderes. Dick sind sie in der Regel, fesselnd, flüssig zu lesen. Packend eben. Und so ein Prachtexemplar eines Schmökers haben wir hier. Abenteuer pur, Leselust pur (…) von Anfang bis Ende unterhaltsam und spannend« – dann wusste sie, dass sie auch weiterhin Grund zum Lachen haben würde.

Anna in Costa Rainera, festgehalten von Fotokünstler Rolf

Ein Dorf in Ligurien und venezianische Magie

Cornelia fuhr zum Auftanken mit Rolf nach Italien. Italien war schon seit Jahren ein Platz für sie, wo sie entspannen konnte – sie hatte sogar mal mit dem Gedanken gespielt, dort zu leben, und hatte angefangen, Italienisch zu lernen. Mit Rolf und Anna, gerade mal drei Jahre alt, war sie in Costa Rainera, einem schönen alten Dorf in Ligurien, für drei Monate untergetaucht. Jahre später hatte sie das wiederholt – dieses Mal zusätzlich mit dem kleinen Ben. Cornelias

Leser können Spuren dieser Reisen in Capricorns Dorf in *Tintenherz* wiederfinden, Marktplatz und Kirche, grob gepflasterte Gassen, Häuser aus Natursteinen. Es ist eines der vielen verlassenen Dörfer, die Cornelia dort gesehen hat. Auch Fenoglios Wohnort in der Tintenwelt mit den engen, steilen Treppen und dem Geruch nach Kräutern und Blumen erinnert an Ligurien – und nicht zuletzt der Weglose Wald der Tintenwelt.

Dieses Mal aber fuhren Rolf und Cornelia nach Venedig, ohne die Kinder, die von Helmi und Charly behütet und versorgt wurden. Cornelia war fasziniert von den Kanälen, in denen sich nachts der Mond spiegelte, von den versteinerten Löwen, von den engen Gassen wie der Calle del Paradiso, von der Treppe der Riesen am Dogenpalast, die Erwachsenen das Gefühl gibt, ganz klein zu sein, ein Gefühl, das sonst nur Kinder kennen. Und in dem Hotel, in dem Rolf und Cornelia wohnten, passierte es dann. Sie wachte morgens auf und rief Rolf zu: »Ich hab's.« Sie meinte den Plot zu einem Roman, in dem Venedig die Hauptrolle spielen und zwei elternlosen Brüdern ein Zuhause geben und einem anderen Jungen den Wunsch erfüllen sollte, endlich erwachsen zu sein.

Cornelia begann *Herr der Diebe* zu schreiben. Sie zeichnete für jedes Kapitel eines ihrer venezianischen Lieblingsmotive und stellte Scipio mit seiner venezianischen Maske auf die Rialto-Brücke. Da sie seit dem *Drachenreiter* wusste, dass große Bücher einen Zweijahresrhythmus brauchen, nahm sie sich Zeit zum Recherchieren, Planen und Schreiben, viel Zeit für eine Geschichte,

Cornelia und Ben in Venedig

in der sie Realität und Magie zusammenbringen wollte – und dazu erfand sie das Magische Karussell. Im Jahr 2000 kam *Herr der Diebe* in die Buchhandlungen, ihr erstes Buch, das verfilmt wurde, und gleichzeitig ihr erstes Buch, das später in englischer Sprache erschien – also ein Buch, das zwei ihrer Herzenswünsche erfüllte.

»Alle Termine absagen! Aufs Sofa kuscheln und hinein ins venezianische Abenteuer!«, forderte das *Bulletin Jugend und Literatur.*

Die Fans haben Tinte im Blut

Als Cornelias Leser noch alle in Venedig waren, zunächst im fiktiven, dann auch im wirklichen – schließlich hatte sie ihnen einen magischen Ort versprochen, den sie anders als Tolkiens Mittelerde auch wirklich besuchen konnten –, da war Cornelia schon längst in eine Welt eingetaucht, die als Tintenwelt die nächsten sechs Jahre ihres Schreibens prägen sollte. Sie schuf Meggie, ein Mädchen, dem passiert, was ihr selbst immer wieder passierte: Sie taucht so tief in die Welt der Buchstaben ein, dass diese für sie realer wird als die wirkliche Welt. Und Cornelia schuf Fenoglio, den Autor und Erfinder der Tintenwelt, der in seinen eigenen Buchstaben verschwindet und so fasziniert ist von der Welt hinter diesen Buchstaben, dass er sich in ihr einrichtet, auch wenn er einsehen muss, dass etwas zu erfinden doch etwas anderes ist, als etwas zu leben.

Auf drei Bände erweiterte sich die Geschichte von Meggie und ihrem Vater Mortimer, genannt Mo, im Laufe der nächsten Jahre, obwohl Cornelia ursprünglich nur einen Band geplant hatte.

Tintenherz erschien 2003, mit einem Einband aus liebevoll gezeichneten mittelalterlichen Majuskeln, versetzt mit Bildern und Motiven der Handlung, und es stellte in seinem Erfolg alles bisher Dagewesene in den Schatten – »Die Fans haben Tinte im Blut«, hieß es in der *WAZ* und Cornelia verriet ihren Lesern spätestens bei Erscheinen des zweiten Bandes, dass sie dieses Buch Cornelias Begeisterung für Filme zumindest ebenso stark ver-

Eine Laube in Cornelias Garten in L.A. – fast wie in Sissinghurst Castle Gardens (o.)
Cornelias Haus in Beverly Hills, L.A. (u.)

danken wie ihrer Lust zum Schreiben. »Für Brendan Fraser, dessen Stimme das Herz dieses Buches ist«, schrieb sie als Widmung und fügte hinzu, dass Mo ihr Schreibzimmer nie betreten hätte und diese Geschichte nie geschrieben worden wäre ohne die Stimme des Schauspielers, den sie aus vielen Filmen kannte und der dann ja auch bei der Verfilmung von *Tintenherz* Mos Rolle übernahm.

Cornelias Schreibhaus in L.A. (o.)
Bens Liebeserklärung an seine Mom (u.)

Ein kleiner Schritt in Richtung Paradies

Rolf und Cornelia spürten zunehmend, dass es sie fortdrängte aus ihrer Idylle im ländlichen Vorort Hamburgs. Rolf war es, der es zuerst spürte, so sagt Cornelia heute, und sie fügt hinzu: »Rolf war eigentlich schon immer ein Kalifornier.«

Im Jahre 2002 – nach Erscheinen von *Herr der Diebe* in England und USA – war Cornelia für ihre erste Lesereise nach Amerika geflogen, hatte sich dort spontan auch in ihre amerikanischen Fans verliebt und ihr Urteil von früher, »Nach Amerika – da will ich nie hin«, revidiert. 2003 erschien dann *Tintenherz* fast gleichzeitig in Deutschland und in englischer Übersetzung in Großbritannien und USA. Cornelia machte sich 2004 – nach zwei weiteren Lesereisen – nach Los Angeles auf, um in einem wunderschönen Stelzenhaus am Strand von Malibu für drei Monate auszuprobieren, ob Los Angeles wirklich das Paradies sei, das sie sich vorgestellt hatte und als das sie es später in Interviews bezeichnen wird. Die Stadt der Engel bestand die Probe.

It was the best thing to be married to Dustfinger – Rolf in Kalifornien

Zurück in Hamburg – sie schrieb immer noch an *Tintenblut*, dem zweiten Band der Trilogie über die Tintenwelt –, begannen für sie und Rolf die Vorbereitungen für einen endgültigen Umzug nach Amerika: ein Haus suchen, das Visum beantragen, Schulen für die Kinder finden, das Haushaltsgut für den Seetransport aussortieren, die Bücher packen, 2000 DVDs, die Neil-Young-Platten, Musik-CDs und die Drachensammlung, Lunas Flug vorbereiten und eventuell den der Pferde.

Im Mai 2005 war es dann so weit und die Familie zog in die Hügel von Beverly Hills, in ein architektonisch besonders reizvolles Holzhaus aus den 30er-Jahren, das Rolfs Architektenherz höher schlagen ließ. Es hat einen Garten mit tropischen Pflanzen und Vögeln – einen Teich mit Fischen

Cornelias Schreibhaus: Ein Regal wird zur Pinnwand, ein Drache auf dem Kamin

und Schildkröten hat Cornelia inzwischen noch zusätzlich angelegt, auch Zitronen-, Orangen- und Mangobäume hat sie gepflanzt –, und es hat ein Gartenhaus mit Jugendstilfenster, Wänden voller Regale und einer Empore, auf die eine steile Leiter hinaufführt und die ein bisschen den Eindruck eines Baumhauses vermittelt.

Kurz vor ihrem Umzug hatte Cornelia erfahren, dass das Magazin *Time* sie 2005 unter die 100 einflussreichsten Persönlichkeiten der Welt zählte, übrigens als einzige deutsche Frau neben Kardinal Ratzinger, dem späteren Papst, und dem Rennfahrer Michael Schumacher. Sie war in diesem Augenblick sicher auf dem Höhepunkt ihrer bisherigen Karriere und hätte sich bestätigt sehen können in dem, was sie als kleines Mädchen gerne deklamierte: »Ich bin ein Genie!« Sie aber kommentierte die Wahl mit den Worten: »Bin ich eine andere geworden? Habe ich da was verpasst in den letzten Monaten?«

Das ungebrochene Glück im neuen Zuhause währte nur ein knappes Jahr. Rolf, der sich besonders wohlfühlte in der Sonne, Weite und Freiheit Kaliforniens, starb an Krebs, der wohl schon seit einigen Jahren in seinem Körper gelauert hatte. Cornelia konnte noch zehn Tage im Krankenhaus bei ihm sein. Rolf hatte sie gebeten, ihren Computer mitzubringen, und sie hielt sich ein wenig am Schreiben fest, wollte die Hoffnung nicht aufgeben, dass er den Tod besiegen würde. Als sie sie aufgeben musste, sagte sie: »Ich bin dankbar, dass wir dieses neue Leben noch gemeinsam aufbauen konnten.«
Einen Tag nach Rolfs Tod erfuhr Cornelia durch Oliver, ihren Cousin und Agenten, dass ihr der *Book Sense Award* zugesprochen worden war, eine viel begehrte Auszeichnung der unabhängigen amerikanischen Buchhändler. Das war für sie wie ein Zeichen, war Trost und Aufmunterung zugleich. Sie schrieb einen Brief an ihre Leser, in denen sie ihnen versprach, alles zu tun, um die Geschichte von Meggie, Mo und Staubfinger zu Ende zu schreiben – und vielleicht auch noch ein paar Geschichten mehr.

Cornelia hat den ersten Teil des Versprechens schon eingelöst – *Tintentod* kam 2007 mit einer Rekordauflage von 700 000 Exemplaren in Deutschland in die Buchhandlungen. Den zweiten Teil des Versprechens ist sie gerade dabei einzulösen. Sie schreibt gleichzeitig an fünf Büchern – Engel kommen darin vor, Ritter, Feen, Kobolde, Einhörner, das mythische Pferd Pegasus und Lung, der Drache – und natürlich Kinder, auch Jungen und Mädchen, klein oder auch schon fast erwachsen. Jedenfalls sitzen sie alle schon wieder um Cornelias Computer herum, um ihr ihre Geschichten zu erzählen.

Cornelias Bücher

eine weltweite Erfolgsgeschichte

Cornelias Bücher können inzwischen in 37 Sprachen und 41 Ländern gelesen werden – von Deutsch in den deutschsprachigen Ländern mal abgesehen. Auf Hörkassetten und CDs kann man sich Cornelias Geschichten vorlesen lassen – mit ihrer eigenen Stimme und der von vielen anderen. Ihren favorisierten Vorlesern, Rainer Strecker und Brendan Fraser, hat Cornelia in *Tintenblut* begeisterte Widmungen geschrieben. Cornelias Bücher haben sich verwandelt in Bühnenstücke, Musicals, Puppen- und Figurentheater – vor allem auch in Spielfilme, anzusehen im Kino oder zu Hause auf DVDs – und bald vielleicht auch in Animationsfilme. Zu den Filmen gibt es inzwischen eigene Bücher – ein ganz besonders schönes ließ Dressler zu *Tintenherz* gestalten. Dann gibt es Merchandising-Artikel in großer Vielfalt, auch Kartenspiele und Brettspiele – *Tintenherz* z. B. wurde von Klaus Teuber gemacht, dem Autor des Spiels *Die Siedler von Catan*. Zu den Folgen der *Wilden Hühner* kann man sich schon lange in die Website des Cecilie Dressler Verlags (www.wilde-huehner.de) einklicken, der JUMBO Verlag präsentiert jetzt eine Website zu den Filmen und Dressler bietet *Die große Online-Tintenwelt*. Cornelias englischer Verlag *The Chicken House* unterhält eine Cornelia-Funke-Website und *Scholastic* in Amerika eine Internetseite. Cornelias Schwester Insa betreut corneliafunke.de, eine Website, auf der Cornelia sich jeden Monat zu Wort meldet und Antwort auf die Frage gibt: »Wie war dein Monat?« Die Fans können am Chat teilnehmen und sich über alles auf dem Laufenden halten.

»Auch die Kinder in Timbuktu sollen meine Bücher lesen«

Mit Cornelias wachsendem Erfolg in Deutschland wuchs auch ihr Wunsch, ihre Bücher auf Englisch lesen zu können. Sie liebt die englische Sprache, schätzt und bewundert englische Kinderbücher und wollte einfach nicht wahrhaben, dass deutsche Kinderbücher − wie man sagte − in England nicht zu verkaufen seien. Cornelia konnte sich nichts Schöneres vorstellen, als ihren Drachen Lung im nächtlichen Sternenhimmel oder Scipio auf der Rialto-Brücke in den Schaufenstern Londoner Buchhandlungen zu

Cornelia mit Rainer Strecker − Vorleser und Freund

sehen. Da traf es sich, dass ihr Cousin Oliver, vom Studium in England zurück, sie in Hamburg besuchte. Er hatte in Ökologie promoviert und bereitete gerade seine Laufbahn als Biologe vor. Sie wusste, dass er ihre Geschichten kannte und liebte und dass er Englisch wie seine Muttersprache sprach. So bat sie ihn, ihre zwei Lieblingsbücher zu übersetzen, englische Verlage dafür zu interessieren und die Rechte nach England

Ein Trio im Dienst der Funke-Bücher:
Jan Weitendorf, Barry Cunningham,
Oliver Latsch

zu vermitteln. Dass es später dann 41 fremdsprachige Länder sein würden, in denen ihre Bücher zu kaufen sind – daran war damals noch nicht zu denken. »Es wird sehr schwer sein, aber versuch's doch einfach«, sagte sie. Oliver fing Feuer, verschob seinen Einstieg in den Beruf und seinen Traum von einer Safari Lodge in Afrika auf später und übersetzte – zunächst den *Drachenreiter*, dann den *Herr der Diebe*. Er reiste zu Kinder- und Jugendbuchmessen, warb bei englischen und amerikanischen Verlagen und kam dann in Kontakt mit Barry Cunningham, dem inzwischen legendären Entdecker von J. K. Rowling. Dass da etwas im Spiel war, was man Zufall nennen kann oder ein Zeichen, wie Cornelia sagt – *Die Zeit* nannte es eine »fällige Verknüpfung« –, ist eine kleine Geschichte in sich, so ganz nach Cornelias Geschmack (s. S. 56).

Oliver verkaufte die Rechte an *Herr der Diebe* an Barry Cunningham, und Scipio, der Junge mit der venezianischen Maske, wurde zum *Thief Lord*. Die Erstauflage war in England in zwei Tagen ausverkauft. »Ein deutsches

Juwel, ein Fantasy-Meisterstück«, schrieb *The Guardian*, »vor dem sich englische Kinderbuchautoren verstecken müssen.«

Von England ging es nach Amerika, wo der Verlag Scholastic den *Thief Lord* druckte, und zwar in einer Auflage, die doppelt so hoch war wie die des ersten Bandes von *Harry Potter* beim Start. Bei der *New York Times* kam der »Newcomer« sofort auf die Liste der »Children's Best Sellers«, ein Erfolg, der sich später dann bei *Dragonrider* und den Büchern über die Tintenwelt wiederholen sollte. Das *Wall Street Journal* wurde auf Cornelia Funke aufmerksam, spielte mit ihrem Namen und nannte sie »funky« – was im Englischen so etwas ist wie »gut drauf sein«. Der Rezensent lobte die Sprache der Übersetzung von *Thief Lord* als bestes »schoolyard English«, und Oliver Latsch bekam dafür den Mildred L. Batchelder Award. Cornelia konnte nun ihr venezianisches Lieblingsbuch nicht nur auf Englisch lesen, sondern auch vorlesen. Sie unternahm eine Lesereise in England und Amerika und hat ihre Förderin Clara übrigens inzwischen persönlich kennenlernen und ihr danken können.

Cornelias Cousin Oliver aber, inzwischen nicht mehr kindlicher Zuhörer, auch nicht mehr nur Übersetzer, sondern Agent und »Fels von Gibral-

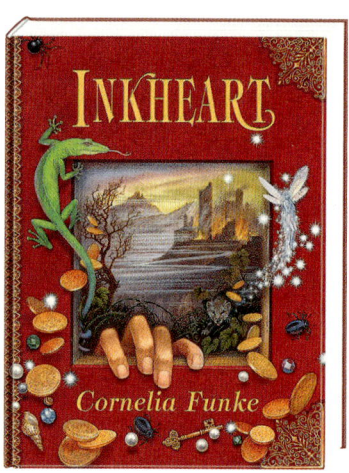

tar«, wie Cornelia es bildlich ausdrückt, wurde auf der Frankfurter Buchmesse 2002 von Anfragen und Vertragswünschen aus Ländern der ganzen Welt förmlich überrannt. Bis 75 konnte er noch zählen, dann hörte er auf. Der *buchreport* schrieb in seinem Messebericht: »Während ihr Cousin und Literaturagent Oliver Latsch in Frankfurt Lizenzverträge einfährt, ist die Wahl-Hamburgerin Cornelia Funke in den USA auf PR-Tournee.« Cornelias

Wunsch: »Auch die Kinder in Timbuktu sollen meine Bücher lesen«, geäußert im *Hamburger Abendblatt*, hatte sich erfüllt, das heißt, zumindest war der erste Schritt dahin getan. Seit dem Durchbruch auf dem englischsprachigen Markt erschienen und erscheinen unablässig weitere Bücher aus Cornelias »Ideenwerkstatt« auf den vielsprachigen Buchmärkten der Welt. Die Bücher aus der Tintenwelt, d.h. die ersten zwei Bände, erschienen jeweils fast gleichzeitig auf Deutsch und auf Englisch. Aus *Tintenherz* wurde *Inkheart*, *Tintenblut* erschien als *Inkspell* , was so viel heißt wie Tintenzauber, und *Tintentod*, 2007 in Deutschland erschienen, kommt Herbst 2008 in der englischen Fassung heraus. Es heißt *Inkdeath* und nicht, wie ursprünglich mal geplant, *Inkdawn*. Die Übersetzung der Tintenwelt-Trilogie hatte Anthea Bell übernommen, da Oliver durch seine Agententätigkeit keine Zeit mehr dazu blieb. Anthea Bell stammt aus der berühmten Künstlerfamilie Bell aus dem Bloomsbury-Kreis Virginia Woolfes und ist für Cornelia seitdem nicht nur Übersetzerin, sondern auch künstlerische Beraterin. Sie hat inzwischen auch weitere Cornelia-Funke-Bücher übersetzt.

Nach dem Erscheinen von *Inkdeath* werden Cornelias Fans in der englischsprachigen Welt genauso ungeduldig wie die deutschen auf das warten, was an neuen Geschichten zurzeit im Schreibhaus in Los Angeles entsteht. Cornelia hat sich mit der Vielfältigkeit ihres Werkes weltweit einen Namen gemacht. »Sie wird oft die deutsche J. K. Rowling genannt, aber Cornelia Funke ist ein einzigartiges Talent«, schrieb Clive Barker, Freund, Schriftstellerkollege und Autor der Kultserie *Abarat*, 2005 in seiner Würdigung zu Cornelias Wahl unter die 100 einflussreichsten Persönlichkeiten der Welt: »In kurzer Zeit hat sie sich in die Herzen und Köpfe eines weltweiten Publikums hineingeschrieben.« Sie war übrigens, als Harry Potter als Bücherheld geboren wurde, schon mit über 20 Büchern auf dem deutschen Markt präsent.

Wie aus dem Herrn der Diebe der Thief Lord wurde

Die 11-jährige Clara, die in London lebt und eine deutsche Mutter hat, liebt Cornelia Funkes Bücher. Sie kann sie lesen, da sie zwei- sprachig aufgewachsen ist. Als sie *Herr der Diebe* verschlungen und zu ihrem Lieblingsbuch erklärt hatte, schrieb sie einen Brief an Barry Cunningham, von dem sie wusste, dass er Harry Potter ent- deckt hatte. »Dear Mr. Potter!«, schrieb sie und fragte ihn, warum sie dieses wunderbare Buch nicht auch auf Englisch lesen könne. Barry Cunningham antwortete, dass er Sorge tragen würde, dass sie es sicher bald tun könne. Er wandte sich dann an Oliver Latsch, um die Rechte an *Herr der Diebe* zu erwerben, dann auch gleich die am *Drachenreiter*.

Cornelia entschied sich mit Oliver trotz anderer attrak- tiver Angebote für Barry Cunningham. Und schließ- lich hatte er seinen Verlag *The Chicken House* genannt – nach einem kleinen Hühnerhaus in seinem Garten – und das gefiel Cornelia natürlich. Und schließ- lich war sie ja die Autorin der *Wilden Hühner* und das Stichwort »chicken house« erinnerte sie noch zusätzlich an ihr Haus in Poppenbüttel.

»Wenn du das Buch aufschlägst, ist es wie im Theater«

Die Erzählerin Cornelia Funke sieht beim Schreiben ihre Personen und die Szenen, die sie erfindet, so deutlich vor sich, dass sie oft glaubt, sie kämen aus einem Film. Auch glaubt sie, wenn sie Gespräche entwirft, die Stimmen der Figuren zu hören, als kämen sie von einer Bühne. Sie verdankt das sicher ihrer Begeisterung für Film und Theater, und ihre Leser verdanken dieser Begeisterung Bücher, bei deren Lektüre ihnen das Gleiche passiert wie Cornelia beim Schreiben. *»Wenn du dann das Buch aufschlägst, ist es wie im Theater: Erst ist da der Vorhang. Du ziehst ihn zur Seite, und die Vorstellung beginnt«*, sagt Mo, der Vorleser. Wenn Cornelia miterleben darf, wie ihre Figuren wirkliche Menschen werden – ob auf der Bühne oder der Leinwand –, findet sie das aufregend. Da sie weiß, dass da ein anderer Künstler mit einem anderen Medium ihre Geschichten erzählt, sieht sie diese plötzlich mit anderen Augen – und das fasziniert sie.

Der erste Film nach einem Cornelia-Funke-Buch war die Verfilmung von *Herr der Diebe*. Den Detektiv Victor hatte sie sich schon beim Schreiben aus einem Film geholt. Sie hatte ihn Bob Hoskins nachgezeichnet, dessen Filme sie liebte – nachzulesen ist es in der Widmung zum Buch. Klein, rundlich und voll blitzender Energie, so sollte er aussehen. Dass er dann nicht von Bob Hoskins gespielt wurde, lag daran, dass dieser gerade für die Rolle von Papst Johannes XXXIII. vorgesehen war. »Da hatte ich natürlich keine Chance« – so Cornelia.

Sie machte einen Vertrag mit Warner Bros., die das Buch Richard Claus anvertraut hatten, den Cornelia durch den Film *Der kleine Vampir* kannte. Sie flog zum Casting nach London, war dabei, wie ihre Kinderbande ausgesucht wurde, Wespe, Riccio und Mosca. Bo, eigentlich Ben nachgezeichnet, hatte das gleiche Lockengesicht wie Anna im Alter von fünf Jahren. Cornelia flog auch nach Venedig zu den Dreharbeiten »unter venezianischem Sternenhimmel«, wie sie sagte. Da glaubte sie »vor Glück zu platzen«.

In Köln hatte 2005 der erste Film *Die Wilden Hühner* vor Tausenden jungen Zuschauern Premiere, und zwar in einem Großkino, gleichzeitig auf sechs Filmleinwänden. Der Nachfolgefilm *Die Wilden Hühner und die Liebe* folgte dann 2007 in München. Alle Hühner und auch die Pygmäen waren auf der Leinwand wiederzuerkennen, und auch Uschi Reich, die Produzentin, war dieselbe geblieben.

Ein dritter Hühnerfilm wird wahrscheinlich Anfang 2009 zu sehen sein, und zu dessen Entstehung gibt es eine interessante Geschichte. Da Cornelia keinen neuen Band über ihre Hühner geschrieben hatte – eigentlich ja auch keinen mehr schreiben wollte –, setzte sie sich mit Uschi Reich zusammen und entwickelte Ideen für eine neue Folge. Es wird also zum ersten Mal einen Hühnerfilm geben, der zwar auf den Ideen der Autorin, nicht aber auf einem Cornelia-Funke-Buch basiert. Es wird trotzdem, und das ist auch interessant, ein sechster Band der *Wilden Hühner* erscheinen: ein Hühnerbuch zum Film, eine Romanfassung des Drehbuchs, geschrieben von einem Schriftstellerkollegen.

Mit dem Film *Hände weg von Mississippi* nach Cornelias gleichnamigem Buch – sie hatte darin ihre große Liebe zu Pferden ausdrücken können –  wurde, wie Kritiker schrieben, ein neues Kapitel im deutschen Kinderfilm aufgeschlagen. So war es auch mehr als gerechtfertigt, dass dieser Film mit dem »Deutschen Filmpreis 2007« für den besten Kinderfilm ausgezeichnet wurde. Der Film von Detlev Buck, mit Zoe Charlotte Mannhard in der Rolle der Emma, mit Katharina Thalbach als Oma Dolly und mit Fritzi Haberlandt und Heidi Kabel hat Cornelias Geschichte so stimmig in das Medium Film umgesetzt, dass die 90 Minuten das Wesentliche von dem erfassen, was da auf 200 Seiten erzählt wird. Da musste zwar vieles umgeschrieben werden, gekürzt und geändert, aber es ist für die Zuschauer aufregend, dieselbe Geschichte »plötzlich mit anderen Augen zu sehen«.

»If you want me to play Mo, I'll do it«

Für die Verfilmung von *Tintenherz* kamen gleich nach Erscheinen der englischen Übersetzung die ersten Anfragen aus der Filmwelt, nach der es Cornelia besonders drängte, aus Hollywood. Da es für sie klar war, dass nur Brendan Fraser dem Vorleser Mo, auch Zauberzunge genannt, im Film seine Stimme geben konnte, war das das vorrangige Ziel bei allem, was sie unternahm, um einen Film nach ihren Wünschen zu ermöglichen. Dass Cornelia dieses Ziel erreicht hat, obwohl als Autorin in der internationalen Filmszene völlig neu und unbekannt, zeigt, dass sie wohl aus ihrer Mädchenschule in Dorsten so etwas wie einen Grundsatz mitgenommen hat, den sie jetzt wahr machte. »Du kannst auch als Mädchen erreichen, was du wirklich erreichen willst.« Wie sie ihn wahr gemacht hat, ist wiederum eine kleine Geschichte in sich, eine Geschichte in drei Teilen, die selbst für Cornelia als

Wirklichkeit und Film:
Cornelia (o.) im Alter von
Meggie – hier als Filmheldin (u.)

Cornelia und Brendan Fraser, hier beim Vorlesen (o.)
Cornelia und Lionel Wigram, ihr Partner bei der Reckless-Geschichte (u.)

Mädchen aus Westfalen, gewöhnt an etwas irreale Geschichten, nicht mehr richtig einzuordnen war zwischen Wirklichkeit und Fantasie (s. S. 62/63). Wirklichkeit wurde diese Geschichte dann allerdings erst in einem kleinen Ort in Ligurien, dem Drehort für den Film über Mo und Meggie, Staubfinger, Elinor und Capricorn. Cornelia war da und konnte mit ansehen, wie die Schauspieler ihr Buch zu dem machten, was sie sich immer vorgestellt hatte. Brendan warf ihr die Eichelhäherfeder zu, sie sah Meggie und glaubte in ihr eigenes Kindergesicht zu sehen. Vorher hatte sie schon im Londoner Studio in Elinors Bibliothek gesessen. Helen Mirren, die spätere Oscar-Preisträgerin, ist für sie nicht nur Elinor, sie ist eine Elinor, die ihre eigene Vorstellung von Elinor noch übertrifft.

So war für Cornelia alles wie ein schöner Traum, aber er war wirklich, zumindest genauso wirklich wie ein Film. Sie hat *Inkheart* schon in einer Voraufführung gesehen und auch den ersten Entwurf für das Script für *Inkspell* kennt sie schon.

Cornelia hat inzwischen selbst an einem Drehbuch geschrieben, zusammen mit Lionel Wigram, einem der Produzenten der *Harry-Potter*-Filme, hat es dann kreativ verändert und als Grundlage genutzt für einen neuen Roman. Cornelia sagt, dass die Arbeit an einem Drehbuch ihr sehr viel gibt für ihre Geschichten, dass die Auseinandersetzungen mit einem Filmemacher Figuren und Szenen plastischer werden lassen. *Reckless* soll das Buch in Englisch heißen, und auf der ersten Innenseite wird zu lesen sein: »Eine Geschichte, die Cornelia zusammen mit Lionel Wigram hinter der Tür ihres Schreibhauses erfunden hat.« Für ein weiteres neues Buch hat Cornelia sogar zuerst einen Entwurf in Form eines Drehbuch geschrieben, so etwas wie die szenische Grundlage für ihre Erzählung. Cornelia ist auch aktiv beteiligt an einer Verfilmung von *Der kleine Werwolf*, die Lionel Wigram in Angriff genommen hat – ein faszinierendes Experiment, wie sie sagt, da ein Animationsfilm daraus werden soll.

Wie aus Brendan Fraser zuerst Mo und dann der Eichelhäher wird

TEIL 1 – HAMBURG 2003

Cornelia schickt, als *Inkheart* erschienen ist, ein Exemplar an den Agenten von Brendan Fraser, ihrem Lieblingsschauspieler seit dem Film *Gods and Monsters*, mit der Widmung: »Thank you for all the inspiration, and if you ever read this to your children, tell them their father made these pages breathe.« Sie lädt ihn ein, nach Hamburg zu kommen, weil sie ihn dazu bringen will, bei einer Verfilmung des Buchs die Rolle des Mo zu spielen.

Brendan kennt weder Cornelia noch ihre Bücher, aber er geht in New York in eine Buchhandlung und hört zufällig in der Leseecke, wie ein Mädchen seiner Freundin *Inkheart* empfiehlt als »The best book I've ever read«. Er fliegt im Dezember 2003 nach Hamburg, geht mit Cornelia auf den Weihnachtsmarkt und zum Essen an die Elbe, und am Ende des Besuchs steht Brendans Aussage: »If you want me to play Mo, I'll do it.«

TEIL 2 – NEW YORK 2004

Bei ihrer nächsten Lesereise nach Amerika trifft Cornelia Brendan in New York und geht mit ihm auf seinem Grundstück spazieren, als er plötzlich stehen bleibt, sich bückt und die Feder eines Eichelhähers aufhebt – ihr Blau die einzige Farbe im Grau rundum. Cornelia erschrickt, weiß sie doch, was der Schauspieler des Mo noch gar nicht wissen kann. Er muss im zweiten Teil des Films einen mittelalterlichen Räuber und Fürsten-Bedroher spielen, den Eichelhäher, so genannt wegen seiner Maske aus Eichelhäherfedern. ▶

Als Cornelia es ihm erzählt, wundert er sich eigentlich gar nicht, denn er heißt, wie er ihr sagt, eigentlich Brendan J., gesprochen Jay – was der *Bluejay* ist, der *Eichelhäher*. Als Cornelia dann noch erfährt, dass er seine Wurzeln in Westfalen hat, der Heimat des Aberglaubens, bekommt für sie der nächste Teil der Story noch eine besondere Würze.

TEIL 3 – NEW YORK 2006

Brendan glaubt, ein halbes Jahr später – wiederum auf seinem Grundstück in New York – von einem Eichelhäher mit einem lauten »Hä hä«, dem Ruf, dem dieser seinen lautmalerischen Namen verdankt, die Nachricht bekommen zu haben, dass er die Rolle des Mo spielen wird. Als zur fast gleichen Zeit das Telefon klingelt und sein Agent ihm dieselbe Nachricht auch in Worten mitteilt, überrascht ihn das gar nicht mehr. Bei den Dreharbeiten zu *Tintenherz* in Ligurien wird der Schauspieler des Eichelhähers Cornelia dann einen Umschlag zuwerfen – mit einer blauen Eichelhäherfeder.

... und die Vorstellung beginnt

Neben dem Film erobern Cornelias Bücher zunehmend auch die Bühnen in Deutschland – allmählich auch die in anderen Ländern, vor allem in Amerika. Es begann alles im Schauspielhaus Hannover mit *Tintenherz* und im Jungen Theater Bonn mit dem *Drachenreiter*. Inzwischen gibt es eine solche Vielzahl an Bühnen, die sich an eine ebensolche Vielzahl von Stücken heranwagen, dass Inszenierungen von Cornelia-Funke-Stoffen zum festen Repertoire der deutschen Theaterszene gehören. Daneben gibt es die ersten Musicals, es gibt ein Figurentheater zu *Emma und der Blaue Dschinn*, die Inszenierung vom *Weihnachtsmann* von der Augsburger Puppenkiste und diverse Freilichtaufführungen. Cornelias Website corneliafunke.de informiert unter der Rubrik *Film/Theater* aktuell und detailliert über Aufführungen, gibt Daten, Adressen und Besetzungslisten – so wie sie auch über neue Filmprojekte informiert wie zurzeit die Verfilmung von *Igraine Ohnefurcht*.

Cornelias
Ideenwerkstatt

»In meinem Kopf stecken so viele Ideen, dass ein Leben wohl kaum ausreichen wird, um sie alle aufzuschreiben.« *Cornelia Funke*

Diese Aussage der Schriftstellerin Cornelia Funke – häufig zitiert – stammt aus einer Zeit, als *Tintenherz* gerade fertig war. Ihre Leser können ermessen, wie viele Ideen sie inzwischen in die fast 1400 Seiten von *Tintenblut* und *Tintentod* eingebracht hat und wie viele sie schon für die über 40 Bücher vor *Tintenherz* genutzt hatte. Dass immer noch sehr, sehr viele in ihrem Kopf stecken, zeigt sich daran, dass sie nach Beendigung der Tintenwelt-Trilogie angefangen hat, an mehreren Büchern gleichzeitig zu schreiben. »Wenn ich fünf oder sechs Arme hätte, würde ich drei Bücher gleichzeitig schreiben«, so sagte sie ja schon, als sie anfing zu schreiben. »Geschichtener-zählen hat eben auch was mit Zauberei zu tun.« Diese Worte eines Schrift-stellerkollegen legt Cornelia als Geschichtenerzählerin Meggies Vater Mo in den Mund – und diese Worte treffen auch auf sie selbst zu. Wie vielfach öffentlich gelobt, kann die Erzählerin Cornelia Funke mit Buchstaben zau-bern, kann ihre Ideen greifbar, anschaulich, hörbar und fühlbar machen. So beschwört sie beim Erzählen Orte, die zugleich fantastisch und real sind, lässt ihre Geschichten gleichzeitig in der Zeitlosigkeit des Märchens, im Mittelalter und in der Gegenwart spielen, verbindet Figuren mitein-

ander, die aus dem Reich der Fabel, aber auch aus der Alltagsrealität ihrer Leser kommen. Die Welt, die so entsteht, ist bizarr und vielfältig, und weil sie so vielfältig ist, ist sie nicht die Welt, wie sie ist, sie ist die Welt, wie sie sein könnte – die Welt der Cornelia Funke.

CORNELIAS SPIELORTE

Und Hand in Hand verliessen die beiden den Hof der alten Fabrik, wo ihr grosses Abenteuer begonnen hatte, und gingen nach Hause.
Die große Drachensuche

Die Orte, an denen die Geschichten spielen, reichen von den Dörfern und Städten, in denen Kinder heute leben und früher gelebt haben, bis zum »Saum des Himmels« im Himalaja. Statt »Welterfinderin«, wie der *Spiegel* sie nannte, nennt Cornelia sich lieber eine Entdeckerin. Sie weiß, es gibt all diese Orte auch ohne ihre Geschichten und es hat sie auch immer schon gegeben; es gilt nur, sie zu finden. Und wenn sie nicht um die Ecke liegen und auch nicht im Geschichts- oder Erdkundebuch beschrieben sind, dann kommen sie daher, wo man »in Märchen und Gedichten erkennt die wahren Weltgeschichten«, wie der romantische Dichter Novalis einst reimte. »*Du steckst mitten in einer uralten Geschichte*«, sagt Professor Barnabas zu Ben am Grabmal des Drachenreiters in Indien. Und dem Roman *Tintenblut* geht ein Zitat von Michael Longley voran: *Wüsste ich, woher die Gedichte kommen, ich würde dorthin gehen.*

Die Erzählerin Cornelia Funke beschwört zu Beginn jedes Buches zunächst den Ort, an dem die Geschichte spielt, und die Atmosphäre, die sie prägt. Sie versetzt ihre Leser unmittelbar ins Geschehen hinein. Deshalb liebt sie den Vergleich mit dem Theater, wo beim Öffnen der Bühne der Zuschauer in den Raum hinein gezogen wird, der das fiktive Geschehen bestimmt. Ebenso wichtig wie der Ort, an dem eine Geschichte beginnt, ist der Ort, an dem sie endet. Steht am Anfang der Aufbruch ins Abenteuer, steht am Ende die Heimkehr. Zwischen diesen Orten liegen die Geschichten, die auf ihre Helden warten, und diese lassen sich von ihnen herausfordern, an andere Orte entführen und in Gefahren verwickeln. Sie können ihre Geschichten aber auch selbst mitgestalten, können sie umschreiben und ihren Autor an Orte entführen, die er selbst noch nicht kennt. »Geschichten erzählen sich meist selbst, und enden wollen sie auch nie«, so sagt Cornelia. Wenn sie dann aber enden, ist der Ort der Heimkehr auch gleichzeitig ein Ort für einen neuen Aufbruch.

Drachenflüge in den Himalaja

Für Ben und Lisa, die Helden aus Cornelias erstem Buch *Die große Drachensuche*, beginnt ihre Geschichte in einer alten Fabrik in einer hässlichen und düsteren Straße, wie es sie in jeder Stadt gibt. Dort finden sie Lung, den Drachen, und fliegen mit ihm zum Dach der Welt, nach Kun-lun-shan im Himalaja, der Heimat der Drachen. Die Leser können die Reise auf der handgemalten Karte verfolgen, die Cornelia dem Text beigefügt hat.

Beim *Drachenreiter* beginnt die Geschichte dann im Tal der Drachen im Norden Schottlands, wo die Menschen einen Staudamm bauen und das Tal fluten wollen. Von hier aus bricht Lung, der Drache, auf, um für sich und die anderen Drachen seine alte Heimat wiederzufinden. Er fliegt über Hamburg, wo er dem Straßenjungen Ben begegnet, den er zu seinem Drachenreiter macht. Dort trifft er auch auf Gilbert Grauschwanz, die Schiffsratte, die ihm eine Karte zeichnet, die aber nur Ben lesen kann.

Im Unterschied zu der Karte der *Drachensuche* ist sie nicht für den Leser bestimmt. Sie soll sogar am Ende gefälscht werden, damit die Menschen die Drachen am Saum des Himmels nicht finden. Die Geschichte hat damit eine neue Dimension bekommen, ist eingebettet in unsere Zeit, in der der Mensch dazu neigt auszurotten, was nicht mehr in die Zeit passt.

Am Ende der Geschichte vom *Drachenreiter* sitzt Ben mit seiner neuen Schwester Guinever im Haus von Professor Barnabas und seiner Frau Vita, Guinevers Eltern. Ben stellt es sich als die allerwunderbarste Sache vor, ein Zuhause zu haben, freut sich aber auch, dass er in den nächsten Ferien mit nach Persepolis fahren darf, wo der Professor auf Spuren des Pegasus, des mythischen Pferds der Griechen, gestoßen ist. Um dieses neue Abenteuer wird es in der Fortsetzungsgeschichte zum *Drachenreiter* gehen. Die Orte, an denen sie spielt, hat Cornelia in Gedanken schon besucht, und die Route, die zu Pegasus führt, hat sie auch schon aufgezeichnet und an ihre Pinnwand im Schreibzimmer geheftet.

Orte, an denen Abenteuer warten

Abenteuer sind nicht immer an Weltreisen auf den Rücken von Drachen geknüpft. Oft warten sie an Orten, wo man sie eigentlich gar nicht erwartet: so einfach um die Ecke, oder sie liegen auf der Straße, wie Cornelia es formuliert. Greta, nicht Baby-, aber Hundesitter, findet zu Beginn der Sommerferien das Leben in der großen Backsteinvilla ihres reichen Großonkels Eduard ganz und gar nicht aufregend. Das Wort Ferien sitzt bleischwer auf ihren Schultern, zumal sie nicht wie all ihre Freundinnen auf Ponyhöfe oder griechische Inseln fahren kann. Am Ende ihrer Geschichte aber sitzt sie mit ihrer Freundin Eule in Onkel Eduards Gartenlaube unten am Fluss, mit Windlichtern, heißem Kakao und mit ihrem Hund Luna. Sie kann sich keinen schöneren Ort vorstellen und auch keine schöneren Ferien. Greta und Eule haben einfach Hunde gehütet, und Greta hat Luna gefunden, angebunden an einen Baum, schwarz, mit struppigem Fell, hungrig und durstig und sehr, sehr traurig. Onkel Eduard, der Hunde im Haus verboten hatte, kommt in die Gartenlaube, um Luna Kekse zu bringen.

Emmas Ferien in *Hände weg von Mississippi* beginnen neben dem Dorfteich im alten Haus ihrer Oma Dolly, in dessen Blumenkästen Salatköpfe statt Geranien wachsen. Sie enden auch dort, allerdings erst nach *Tatort*-verdächtigen Ereignissen, die sich alle um Mississippi drehen, das Pferd von Oma Dollys verstorbenem Jugendfreund Klipper- 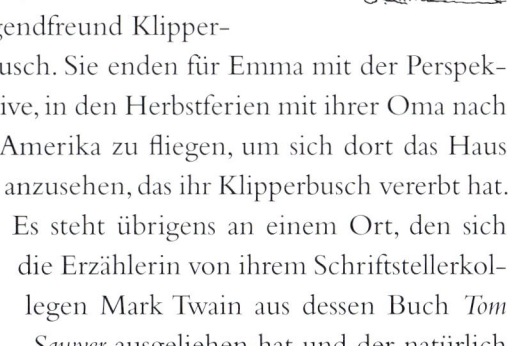 busch. Sie enden für Emma mit der Perspektive, in den Herbstferien mit ihrer Oma nach Amerika zu fliegen, um sich dort das Haus anzusehen, das ihr Klipperbusch vererbt hat. Es steht übrigens an einem Ort, den sich die Erzählerin von ihrem Schriftstellerkollegen Mark Twain aus dessen Buch *Tom Sawyer* ausgeliehen hat und der natürlich am Mississippi liegt.

Eine andere Emma – sie wohnt mit ihrer Familie gleich hinter den Dünen und liebt das Meer – stapft in der

Illustration von Kerstin Meyer

Dunkelheit mit Morgenmantel, einem bunten Kissen und ihrem nudelschwänzigen Bratwursthund Tristan durch den feuchten Sand ans mondsilberne Meer. Sie sitzt dort, lauscht den Wellen, die ihr das schönste Schlaflied der Welt singen, und findet die Flasche mit Karîm, dem Blauen Dschinn. Nach abenteuerlichem Teppichflug und gefahrvollen Erlebnissen in einem Palast unter dem Sand landet sie wieder am Strand, wohin Karîm sie auf seinen blauen Händen getragen hat. Die Sonne geht gerade auf und es ist fast schon ein bisschen warm. Sie stapft nach Hause und hat eine kleine Flasche dabei, mit einem Dschinn namens Khalîl, dem es gut geht, solange er dunkelblau ist, und der ihr Glück bringen wird.

Ein Wohnwagen, ein Baumhaus – Orte der Zuflucht

Sprotte, Melanie, Frieda und Trude – später kommt noch Wilma hinzu – bilden in der Serie *Die Wilden Hühner* die Mädchenbande gleichen Namens. Für sie beginnen die Abenteuer an einem *wunderbaren Tag. Warm und weich wie Hühnerfedern*, auch wenn es ein Montag ist.

Sie ereignen sich an verschiedenen Orten der ländlichen Kleinstadt, in der sie leben. Sie beginnen im nicht immer freundlichen Zuhause, im Schulhof oder Klassenzimmer, spielen sich ab im Umfeld des Alltagslebens – auch mal auf einem Pferdehof oder im Schulheim an der See – und finden dort, wo sie begannen, ihren jeweiligen Abschluss. Doch haben sich die Freundinnen ihr eigentliches Zuhause längst selbst geschaffen, in einem alten Wohnwagen, himmelblau gestrichen,

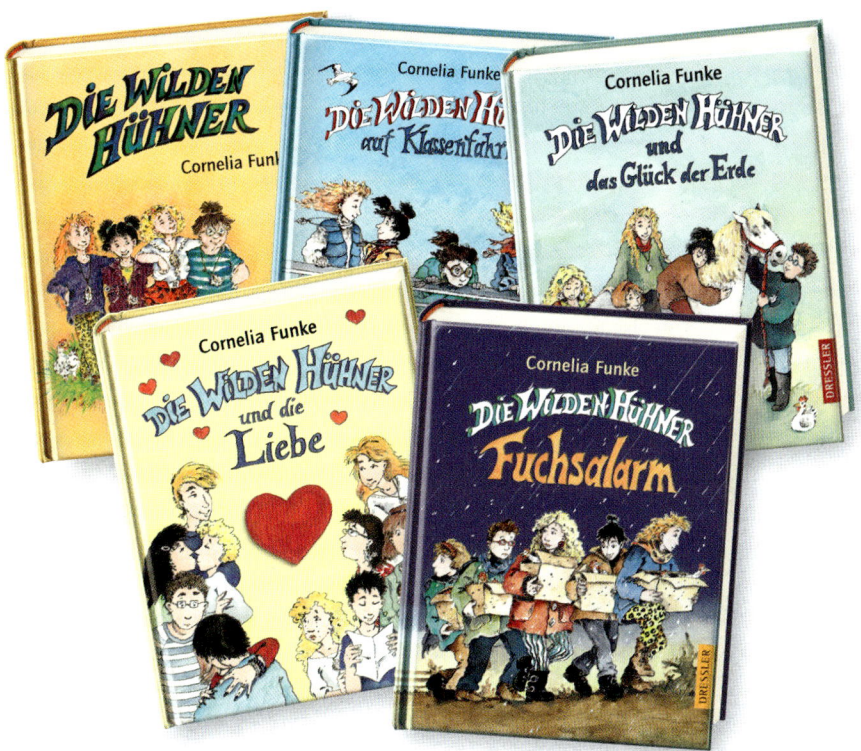

mit Sternen, Monden und feuerschweifigen Kometen bemalt, abgestellt auf einem freien Platz im Wald. Trudes Vater hat ihnen den Wagen überlassen. *»Kitschig, was? Aber schön«*, finden die Wilden Hühner. Das ist der Ort, wo sie ihr geheimes Bandenbuch aufbewahren, wo sie Tee trinken und Kekse essen und Oma Slättbergs Hühner vor deren Schlachtmesser in Sicherheit bringen. Sie können dort auch schon mal einen der Pygmäen verstecken, der von zu Hause weggelaufen ist, weil sein Vater ihn verprügelt. Die Pygmäen, ihre männliche Gegenbande, mal Feind, mal Freund, haben sich auch solch ein Refugium geschaffen, ein Baumhaus, aus alten Brettern gezimmert, mit einer hohen Leiter, die sie einziehen können, wenn sie alleine sein wollen, aber herunterlassen, wenn es eine Party gibt.

Orte, wo Cowboys und Gespenster wohnen

Wie das Zuhause selbst zum Ort des Abenteuers wird, erlebt Mick – erschaffen auf Wunsch von Cornelias Sohn Ben – zusammen mit seinem riesengroßen Stoffgorilla Mo. Mick ist allein zu Hause und alles ist grau, nass und langweilig. Er kriecht mit Mo in die Höhle unterm Bett, durch die er in den Wilden Westen kommt. Als sie wieder zurück sind, fragt Micks Schwester, wie denn die Kaktusstacheln in Mos Pelz kommen. In einer anderen Geschichte kann Mick nicht schlafen, sieht den Himmel wie ein weites, schwarzes Meer, mit Sternen, die wie silberne Käfer glitzern, und er nimmt Mo mit in ein riesiges Raumschiff. Der rote Knopf, der die Tür zum Raumschiff öffnet, leuchtet ihnen im Dunkeln entgegen. Und als sie wieder zu Hause im Bett liegen, setzt Mick einen der Käfer, die er von dem Zwergenplanet Borus mitgebracht hat, auf Mos Nase – wieder ein Rätsel für seine sonst so kluge Schwester.

Auch für Tom, den Helden in der Serie *Gespensterjäger*, beginnt das, was ihn und sein Leben aufregend und fast angstfrei machen wird, zu Hause, wenn auch im Keller, dem dunkelsten, unheimlichsten, spinnenverseuchtesten aller Keller. Es beginnt in dem großen Haus, in dem er wohnt, und zwar an einem Tag, den er solch einen Stolper-Stoß-nichts-klappt-Tag nennt. Tom wird mit Hugo, dem Kellergespenst, und Hedwig Kümmelsaft, der Freundin seiner Großmutter, Friedhöfe, leer stehende Villen, Moordörfer, verwunschene Strandhotels, Gruselburgen und ähnliche Orte entspuken. Das alles geschieht in den Bänden der Serie *Gespensterjäger*. Inzwischen verfolgen selbst Kinder in Südkorea, Thailand und Japan Tom Tomskys Abenteuer mit MUGs, UEGs, SCHLAWAGs und GRUBIGEIs.

Begegnungsorte ganz besonderer Art

Wenn es nicht Gespenster sind, dann sind es vielleicht Hexen, die ganz normale Orte zu Abenteuerorten machen. Die zwei wilden kleinen Möchtegernhexen Lilli und Rosanna finden es traurig, in einem verregneten Eiscafé zu sitzen und Hausaufgaben zu machen. Am Ende des Buches werden sie dann auf ihren Besen den Sternen entgegenfliegen, nachdem Elfriede, eine ganz glaubwürdige richtige Hexe, sie bezaubert und auch ein wenig verzaubert hat – nicht nur sie, sondern auch den Garten ihres Zuhauses.

Ein Erlebnis besonders unheimlicher Art beginnt für Motte, den Helden in *Der kleine Werwolf*, an einem wirklich ganz besonders scheußlichen Abend auf dem Heimweg vom Kino *Zwischen den Wolken hing milchig weiß der Mond. Ein feuchter, kalter Wind wehte ihnen entgegen.* Der Tunnel der U-Bahn-Böschung gähnt vor ihm wie ein schwarzes Loch. Er sieht übrigens aus wie der Fußgängertunnel in Hamburg-Wellingsbüttel, den Cornelia sicher oft durchquert hat. Alles, was dann passiert, ist so wirklich und gleichzeitig so unheimlich, dass die sehr alte Angst vor Werwölfen den Leser mit Motte mitfühlen lässt. Mottes tief beängstigendes Erlebnis findet seinen Abschluss in einer anderen, ebenso unheimlichen Vollmondnacht. Motte balanciert auf dem Dachfirst, er ist kein Wolf mehr, fühlt sich aber wunderbar, *wunderbar wölfisch gut.*

Die Geschichte, die Arthur und seine Freundin Esther mit der Feenkönigin Potilla und dem Mützendieb erleben, beginnt in einem großen, dunklen und uralten Wald. Der Hügel der Waldfeen wölbt sich wie ein pelziger Rücken am Rande einer Lichtung, verborgen unter Haselnuss und Schwarzdorn. Sie endet nach einer Stunde Menschenzeit, die aber den Feen die Ewigkeit zurückgegeben hat, wie Potilla sagt, in Esthers

Garten, wo Arthur und Esther in der Hängematte sitzen, die kleine rote Feenmütze in Händen, die Potilla ihnen aus Dankbarkeit gegeben hat. Sie hoffen, mit ihrer Hilfe den Feenhügel wiederzufinden.

Weihnachtszeit: Irdische Orte werden verzaubert

Mit einem Wohnwagen fängt alles an in der fantastisch-witzigen Weihnachtsgeschichte *Als der Weihnachtsmann vom Himmel fiel*. Er sieht aus wie ein Wohnwagen, doch irgendwie anders, zu bunt für einen Wohnwagen, ahnt Ben, als er ihn entdeckt. Die Geschichte endet dann mit genau dem Wagen: Er poltert auf die leere Straße, gezogen von einem Rentier, immer schneller rollt er und erhebt sich in die Luft, hinauf zu den Baumkronen, über die verschneiten Dächer, immer höher und höher, bis er zwischen den Sternen verschwindet. Ben und seine neu gewonnene Freundin Charlotte mit ihrem Hund Wutz winken zum Abschied. Sie wissen, sie haben Julebukk, den letzten echten Weihnachtsmann, gerettet. Es ist zehn Minuten vor Mitternacht, ein Tag nach dem Heiligen Abend, ganz dunkel, bis auf den silbernen Mond und die Sterne.

Vom Himmel gefallen war dieser Wagen am zehnten Dezember. Das ist Cornelias Geburtstag und auch der ihrer Tochter Anna, und die Erzählerin dieser Geschichte hat wirklich mal an diesem Tag einen alten Wohnwa-

gen an der Straße in Hamburg-Wohldorf stehen sehen, der plötzlich da war und ihr seltsam vorkam.

In der Adventsgeschichte *Hinter verzauberten Fenstern* schneit es natürlich und die Bäume und Häuser sehen im Dunklen aus wie Scherenschnitte aus schwarzer Pappe. Julia sitzt in ihrem Zimmer am Fenster, zusammen mit ihrem Bruder Olli, der sie eigentlich nervt. Sie wartet auf ihre Mutter und den Adventskalender, den sie ihr zu kaufen versprochen hat. Noch weiß sie nicht, dass es ein doofer, viel zu dünner Papierkalender

sein wird – der blöde Olli wird einen dicken, fetten, herrlichen Schokoladenadventskalender bekommen. Ihren Adventskalender will sie dann gar nicht und hätte ihn am liebsten weggeschmissen, wenn das im Sternenlicht der Nacht silbrig und geheimnisvoll glitzernde Adventshaus, das auf dem Kalender abgebildet ist, sie nicht neugierig gemacht hätte. Was sich dann hinter den Fenstern des Kalenders abspielt, wird in dieser Geschichte erzählt. Lisa wird an Orte entführt, von denen sie immer wieder verzaubert in ihr Zimmer zurückkehrt. Cornelia erinnert sich an ein ähnliches Erlebnis aus ihrer Kindheit, wo sie einen solchen Bilderkalender bekam.

Illustration von Regina Kehn

Burg Bibernell. Wo feindliche Ritter Fische werden

Um Zauberei geht es auch auf der Bibernellburg, einem Ort, der durchaus realistisch ist und den die Erzählerin aus dem Mittelalter in die Gegenwart ihrer Geschichte von *Igraine Ohnefurcht* geholt hat. Igraine wird mit ihrem Zauberbruder Albert und ihren Eltern, Sir Lamorak und Melisande, die Belagerung und den Angriff eines feindlichen Ritterheeres überstehen. Ihr Kater Sisifus frisst die von ihrem Bruder in Fische verzauberten feind-

lichen Ritter. Igraine selbst gelingt es in einer waghalsigen Mission, die sie in das Reich des Riesen Garleff führt, ihre wider Willen in Schweine verzauberten Eltern zu befreien. Zum Schluss kann sie mit ihren Eltern auf der befriedeten Burg ihren Geburtstag feiern. Das mit den verzauberten feindlichen Rittern, die gefressen werden, wurde übrigens von einigen Kritikern als unnötige Grausamkeit bezeichnet und hat Cornelia zu der Aussage gebracht: »Ich kann doch aus einem Kater keinen Vegetarier machen.«

Venedig: Ein Ort, wo die Magie wirklich ist

Ein verzauberter Ort ist auch Venedig, die Stadt des Mondes, wo zu Beginn der Geschichte vom *Herrn der Diebe* die Sonne sich in den Kanälen spiegelt und die alten Mauern mit Gold überzieht. Es ist allerdings ein Ort – anders als Harry Potters Hogwarts oder Mittelerde in *Herr der Ringe* –, zu dem man hinfahren kann und sich zurechtfinden mithilfe einer Karte, wie sie auch dem Buch beigefügt ist. Es gibt Engel und Drachen dort auf den Dächern, und Löwen gibt es, die sich bewegen, wenn man sie ansieht – auch wenn Bo der Einzige ist, der das bemerkt.

In Venedig beginnt und endet das Abenteuer von Prosper und Bo, den Geschwistern aus Hamburg, die dem Waisenhaus und dem ungeliebten Zuhause bei Tante Esther entkommen wollen. Hier geht es um mehr als Abenteuer und Zauberei, es geht ums

Überleben, um das Glück zweier Waisenkinder, darum, ob sie zusammenbleiben können. Ida und auch Victor, der Detektiv, der sie ursprünglich an Tante Esther ausliefern wollte, bieten ihnen ein Zuhause in Idas Casa Spavento, einem Haus mit ockerfarbenen Mauern und verwildertem Garten, das von besseren Tagen zu träumen scheint. Zwischendurch sind sie an Orten, die schon mit Zauber und Magie zu tun haben, sie sind in ihrem Sternenversteck und fahren zur Isola Segreta mit dem magischen Karussell. Das Karussell ist allerdings inzwischen verschwunden von der Insel, doch irgendwo drehen sie sich noch, der Löwe, der Wassermann, die Seejungfrau, das geschuppte Pferd und das Einhorn.

Orte zwischen Realität und Fiktion

An sehr vielen Orten spielt die Geschichte von Meggie, der zwölfjährigen Heldin in Cornelias Tintenwelt-Trilogie, an realen Orten, die aus der fiktiven Tintenwelt heraus bedroht werden, an Orten der Tintenwelt, die so real werden, dass sie die Bewohner unserer Welt unausweichlich anziehen. Es geht vor allem um das Geheimnis, wie man in all diese Orte hineinkommt, freiwillig oder unfreiwillig, und wie man wieder herauskommt, manchmal auch nicht.

Es beginnt alles in Meggies Zimmer auf dem alten Bauernhof, wo sie seit Jahren mit ihrem Vater Mo wohnt. Es beginnt in jener Nacht, in der der Regen sie nicht schlafen lässt und sie eine Kerze anzünden will, um in ihrem Lieblingsbuch zu lesen. Sie blickt durch das regennasse Fenster und sieht einen Schatten. Es ist Staubfinger, der gekommen ist, weil er zurückwill an einen Ort, den es nur in einem Buch gibt, in dem Buch mit dem Titel *Tintenherz*. Doch das weiß Meggie zu dem Zeitpunkt alles noch

nicht; sie spürt nur, dass da irgendetwas nicht stimmt und ihr Vater ein Geheimnis vor ihr hütet, das ihn und sie in Gefahr zu bringen scheint.

Als die Geschichte zu Ende geht, zumindest die des ersten Bandes, hat Meggie nach einer langen Reise ein neues Zuhause im Haus ihrer Großtante Elinor. Es ist ein Haus inmitten einer großen Rasenfläche, umgeben von einer hohen Hecke, in der ein Eisentor den Durchgang versperrt.

Meggie hat eine Reise hinter sich mit Erlebnissen, die das Schlimmste, was sie bis dahin in Büchern gelesen hat, in den Schatten stellen. Als sie Elinors Haus vor ihrer großen Reise zum ersten Mal sah, kam es ihr vor wie Palast und Garten des selbstsüchtigen Riesen in Oscar Wildes gleichnamigem Märchen.

Jetzt aber will sie dort bleiben, mit Mo, ihrem Vater und Bücherarzt, und Resa, ihrer nach neun Jahren wiedergefundenen Mutter. Elinor ist dabei, ihre Bibliothek wieder mit Büchern zu füllen – Capricorn hatte sie in ihrer Abwesenheit verbrennen lassen –, und Meggie will ihr dabei helfen, und sie will lesen und lernen, selbst Geschichten zu spinnen. Das kann sie in diesem Haus, in dessen Garten Feen ihre Nester bauen und Bücher nachts in den Regalen flüstern.

Dass Meggie es dort dann doch nicht lange aushält, obwohl sie sich entschlossen hatte für immer zu bleiben, das liegt an Farid, dem Jungen aus *1001 Nacht*. Sie sieht ihn eines Abends zwischen den Bäumen stehen, dort, wo der Weg von der Straße heraufkommt. Er lockt sie fort aus diesem Haus, fleht sie an, sie beide in eine andere Welt zu lesen, hinein in den Weglosen Wald der Tintenwelt. Eigentlich hat Meggie ja schon immer dorthin gewollt, nachdem Resa ihr so viel davon erzählt hat.

Ein verstecktes Dorf – Zuflucht in der Tintenwelt

Tintenblut heißt der zweite Band der Tintenwelt-Trilogie, und diese Geschichte beginnt im Weglosen Wald der Tintenwelt und in Ombra, der Stadt des Speckfürsten. Sie findet ihren Abschluss unterhalb der Burg des Natternkopfs, der Burg mit den schuppigen Silbertürmen, Nachtburg genannt. Es ist wieder Nacht und Meggie wird mit ihren Eltern zurückgehen in das Reich des Speckfürsten, auf die andere Seite des Waldes. Jetzt hat sie Erlebnisse hinter sich, die alles übertreffen, was für sie in der realen Welt vorstellbar war. Der Schwarze Prinz mit seinem Bären bringt sie dorthin, in ein Dorf, zu arm und fernab jeder Straße, als dass die Häscher des Natternkopfs sie dort finden könnten. Sie werden sich in diesem Dorf versteckt halten, nicht zuletzt, weil aus Meggies Vater der »Eichelhäher« geworden ist, der stets bedrohte Kämpfer gegen die brutale Herrschaft des Fürsten der Nachtburg. Es ist kein Ort, an dem die Geschichte ihr Ende finden könnte, sie muss noch weitergehen.

Wie sie weitergehen sollte und wo sie enden würde, hat die Erzählerin Cornelia am Ende von *Tintenblut* selbst noch nicht gewusst. Aber sie lässt Farid Meggie ins Ohr flüstern: »*Diese Geschichte wird ein gutes Ende haben. Ich schwöre es.*«

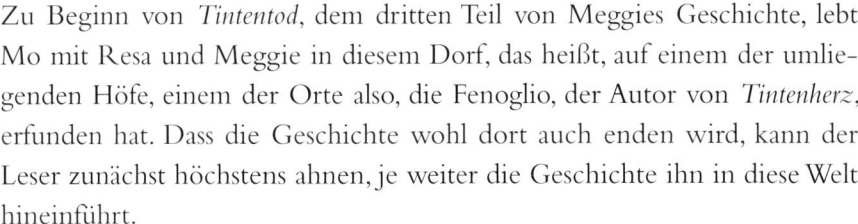

Der einsame Hof – eine neue Heimat

Zu Beginn von *Tintentod*, dem dritten Teil von Meggies Geschichte, lebt Mo mit Resa und Meggie in diesem Dorf, das heißt, auf einem der umliegenden Höfe, einem der Orte also, die Fenoglio, der Autor von *Tintenherz*, erfunden hat. Dass die Geschichte wohl dort auch enden wird, kann der Leser zunächst höchstens ahnen, je weiter die Geschichte ihn in diese Welt hineinführt.

Cornelia spürte beim Erzählen immer deutlicher, dass sie eigentlich von Anfang an dort enden wollte. Das letzte Kapitel von *Tintentod* ist dann diesem Ort gewidmet, dem Ort, den der Schwarze Prinz gefunden hatte, in dem Mo wieder Buchbinder sein kann und Meggie zusammen mit Elinor ihrem kleinen Bruder von der Welt erzählt, die die wirkliche genannt wird, aber vielleicht gar nicht so wirklich ist wie die, in der sie jetzt leben. Es ist keine Heimkehr an den Ort, an dem die ganze Geschichte begann, aber eine Heimkehr an einen Ort in der Tintenwelt, dem Meggies Sehnsucht schon lange gegolten hat.

Salisbury – eine Kathedrale und ein Internat

Als die Erzählerin der Geschichte über die Tintenwelt noch tief in jener Welt steckte, hatte Cornelia schon einen Ort gefunden, an dem ihr nächster Roman spielen sollte: Salisbury, ihre Lieblingsstadt im Süden Englands. Hier ließ sie sich ins Mittelalter entführen, vor allem, wenn sie in der gotischen Kathedrale der Chormusik lauschen konnte. So schickt sie als Geschichtenezählerin ihren nächsten Helden, den elfjährigen Jon, ins Internat der tausend Jahre alten Salisbury Cathedral School. Er fühlt sich dort von seiner Mutter verlassen, abgeschoben wegen ihres neuen Lebenspartners. Als sie ihn am Ende des Buches wieder nach Hause holen will, da will er in Salisbury bleiben, nicht nur wegen der Schule, sondern vor allem wegen der Kathedrale, in der er einen Ritter gefunden hat: Longspee, den Bruder von Richard Löwenherz, der ihn zu seinem Knappen geschlagen hat. Er ist zwar lange tot, doch Jon weiß, wie er ihn aufwecken und mit ihm ins Mittelalter eintauchen kann. So wird ihm Salisbury zur neuen Heimat, vielleicht auch ein wenig wegen Ella, dem Mädchen, das viel über Geister weiß und über Tote, die in ihrem Grab keine Ruhe finden.

Los Angeles – die Stadt der Engel

Da für Cornelia Los Angeles ein Ort ist, der sie das Paradies erahnen lässt, hat sie diesem Ort jetzt ein Buch gewidmet. Sie hat den Namen der Stadt wörtlich genommen und eine Geschichte geschrieben von und mit Engeln – schließlich gehören Engel ja zum Paradies. Kerstin Meyer, die Illustratorin vieler ihrer Geschichten, hat die Bilder dazu gemalt. Natürlich haben die Engel sehr menschliche Züge; sonst könnten sie nicht Helden in einem Cornelia-Funke-Buch sein.

»Cornelia Funke – The next J. K. Rowling?«
Clive Barker

»Als Cornelia Funke vom Magazin TIME unter die 100 einflussreichsten Menschen der Welt gewählt wurde, schrieb ihr Freund Clive Barker, Autor des Fantasy-Zyklus' *Abarat*, die Huldigung:

»Sie wird oft die deutsche J. K. Rowling genannt, aber Cornelia Funke ist ein einzigartiges Talent. In kurzer Zeit hat sie sich in die Herzen und Köpfe eines weltweiten Publikums hineingeschrieben. Obwohl ihre Romane normalerweise bei den Kinder- und Jugendbüchern stehen, erreicht sie auch erwachsene Leser, da sie Charaktere jedes Alters und jeder moralischen Schattierung gleich sorgfältig und einfühlsam zeichnet. Funke ist nicht sentimental. In ihren Büchern gibt es nichts von der Gefühlsduselei und Effekthascherei, die so oft Hollywoods Unterhaltung für Kinder beschädigt. Sie vertraut ihrer oft unterschätzten Prosa, ihren launigen und unberechenbaren Charakteren und ihrem instinktiven Gefühl für Plots, denen glücklicherweise emotionale Manipulation abgeht. Am Ende von *Tintenherz*, ihrem bis jetzt elegantesten und gelungensten Werk, haben wir Verzauberung erlebt und auch Schmerz. Magische Ereignisse geschehen in Funkes Welt nicht ohne Folgen. Magie gibt es nicht umsonst, sie wiegt zu schwer. Aber erwachsene Leser werden das Buch zur Seite legen mit der glücklichen Gewissheit, dass die Vorstellungskraft die uns anerzogene Verachtung für das Fantastische übertrifft und da ist, um zu heilen und zu versöhnen, wenn wir zu ihr zurückfinden.«
Deutsch von Hildegunde Latsch

CORNELIAS ZEITREISEN

Vielleicht sieht man es!, dachte sie. Vielleicht sieht man, dass ich nicht hierher gehöre (...) »Woher hast du die Stiefel?«, fragte Ivo (...) Ja, woher? Meggie versuchte hastig, den Saum des Kleides über ihre Stiefel zu ziehen. *Tintenblut*

Die Geschichten, die Cornelia erzählt, sind vergangen – zumindest, was die Zeit betrifft, in der sie erzählt werden: »Nichts rührte sich im Tal der Drachen ...«, »Es war Herbst in der Stadt des Mondes ...«, »Es passierte an einem Sonntagabend im Oktober ...« – so oder ähnlich lauten die Anfänge. Dass das, was damit vor dem inneren Auge des Lesers erscheint, zur Gegenwart wird, im wahrsten Sinne des Wortes präsent ist, liegt an der sinnlichen Kraft der Sprache, die das, was sie benennt, auch herbeizaubert. Die Gegenwart, die die Erzählerin beschwört, ist in den meisten ihrer Geschichten die Zeit, in der auch ihre Leser leben. In diese Gegenwart kann aber immer wieder etwas einbrechen, was eigentlich Vergangenheit ist oder was aus der Zeitlosigkeit der Märchen und Mythen kommt.

Die Schriftstellerin Cornelia Funke hat erzählerische Mittel parat, mit denen sie die Geschichten in ihre jeweilige Zeit einbettet. Wenn Meggie, als sie in der Tintenwelt ankommt, versucht, ihre modernen Stiefel unter ihrem Kleid zu verstecken, sieht der Leser, dass sie sich in der Gegenwart einer anderen Zeit befindet – und das ist ihr bewusst. Das Foto von Meggie, das Basta aus Elinors Haus mitbringt in die Tintenwelt, löst dort tiefes Erstaunen aus. Und Kerzen, die Meggie so liebt und die ihr Vater ihr immer wieder an der Seite ihres Bettes verbietet, werden ihr hier zur selbstverständlichen Lichtquelle. Dass alle Bücher in dieser Zeit mit der Hand geschrieben und auch kunstvoll gebunden werden, versetzt Meggie in sprachloses Staunen. Ein Bücherarzt, wie sie ihren Vater nennt, gehört eigentlich in diese Zeit – vielleicht ist das ja schon ein kleiner Hinweis auf den Ausgang des letzten Bandes der Tintenwelt-Trilogie. Mo erklärt dem Bibliothekar auf der Nachtburg, dass man nicht Hunderte von Ziegen schlachten müsste, um Pergament für das Buch zu besorgen, das er für den Natternkopf binden soll, würde man das Pergament völlig durch Papier ersetzen. Und Fenoglio, der für Violante einen Beryll als Lesehilfe für ihre schlechten Augen schleifen lässt, weiß genau, dass dieser nur ein unzulänglicher Vorbote dessen ist, was man in seiner Zeit aus geschliffenem Glas herstellt: Brillen nämlich. Meggie erklärt Doria, dem Jungen, den Fenoglio als künftigen Erfinder erschaffen hat, wie ein Flugzeug und ein Radio funktionieren. Die kleine Flugmaschine aus Holz, die er daraufhin bastelt, zeigt, dass er eigentlich in die Zeit von Leonardo da Vinci gehört. Das mit dem kleinen schwarzen Kasten, aus dem Musik kommt, versteht er allerdings nicht.

Mädchen und Jungen der Gegenwart

Die meisten von Cornelias Heldinnen und Helden kommen aus dem Hier und Heute. Sie fahren U-Bahn, Bus und Fahrrad, ihre Eltern natürlich Auto, sie wohnen in Mietshäusern mit teils nervigen Hausmeistern, in

Wohnsiedlungen mit seltsamen Nachbarn; Scipio im väterlichen Palast in Venedig ist sicher eine Ausnahme. Sie haben Omas auf dem Land mit Gärten und Ställen für Hühner und Pferde, gehen in Schulen mit netten, aber auch ekligen Lehrern, haben Mütter und Väter, die ein Eiscafé betreiben, die Journalisten sind in der Redaktion Lokales, Taxifahrer oder Verkäuferinnen in einem Geschäft für feine Damenunterwäsche – oder aber auch arbeitslos. Sie spielen in Höfen mit Sandkästen, wo sie Blumenbeete anlegen, in verwilderten Gärten mit Hängematten, auf unbebauten Grundstücken mit verlassenen Baubuden, in verfallenen Fabrikgebäuden. Sie machen Ferien in Schullandheimen und auf Reiterhöfen, oder sie versuchen, dem Katalog-Urlaub ihrer Eltern zu entgehen.

Besucher aus alten Geschichten

Wenn diese Kinder dann in ihrem Alltag Wesen begegnen, die eigentlich nicht in ihre Zeit passen, dann holt die Geschichte diese Wesen mit kleinen Tricks in die Gegenwart hinein. Die Hexe Elfriede sitzt mit Lilli und Rosanna unerkannt im Eiscafé, die Feenkönigin Potilla trinkt Arthurs Kakao und liebt Nutella, Julebukk, der echte Weihnachtsmann, bewegt sich wie selbstverständlich im gutbürgerlichen Wohnzimmer von Bens Zuhause, und Ben, der Drachenreiter, nimmt für seinen Flug auf dem Rücken des Drachen Ravioli mit.

Prosper und Scipio fahren in Venedig zur Isola Segreta und finden dort das Magische Karussell, das aus einer ganz alten Geschichte kommt. Der Leser aber weiß, dass sich das alles im Herbst desselben Jahres abspielt, in dem die Brüder Prosper und Bo mit dem Zug aus Hamburg nach Venedig gekommen sind.

Auch Lung, der Drache, ist ein Wesen aus einer längst vergangenen Zeit. Doch er lebt im Tal der Drachen in Schottland, und es ist das heutige Schottland, in dem die Menschen einen Staudamm bauen wollen, um das Tal zu fluten. Die Drachen werden gewarnt, und zwar von einer Ratte, die genau gesehen hat, was da geschieht. Als Lung dann vom Saum des Himmels zurückfliegt, um die anderen Drachen in ihre alte Heimat zu holen, liest Professor Barnabas in der Morgenzeitung beim Frühstück: *Eine seltsame Erscheinung wurde vorgestern am nächtlichen Himmel über einem Tal in Schottland beobachtet.* So werden die Drachen in die Gegenwart hineingeholt und ihre alte Geschichte auch.

Illustration von Kerstin Meyer

Moderne Mädchen in den Kleidern des Mittelalters

Die Vergangenheit betrachten mit den Augen der Gegenwart und umgekehrt die Gegenwart mit den Augen derer sehen, die in einer früheren Zeit gelebt haben – das ist ein Spiel, das Cornelia in ihren Büchern ganz besonders gerne spielt. Schon als Kind ist sie immer wieder in andere Welten eingetaucht. Sie hat sich gerne in Figuren aus einer anderen Zeit versetzt und sie spielerisch lebendig werden lassen.

Die Vorstellung des Mittelalters – einmal als historische Zeit, dann aber auch als Kulisse für die meisten unserer Märchen – weckt Bilder von Burgen und Schlössern, bewohnt von Rittern und Prinzessinnen. Sie leben in einer Natur, in der Riesen nicht nur Spuren hinterlassen, sondern auch gerufen werden können, wenn Menschen übermenschliche Hilfe brauchen. In diese vergangene Welt setzt die Geschichtenerzählerin Cornelia Funke drei Heldinnen, die mit dem Bewusstsein moderner Mädchen die Zeit aufmischen, in die sie hineingeboren wurden.

Prinzessin Isabella ist die erste von ihnen. Sie sitzt am Fenster des Schlosses ihres königlichen Vaters, guckt zum Mond und träumt davon, nicht mehr Prinzessin sein zu müssen. Sie will selbst aussuchen, was sie anzieht – für Cornelia übrigens ein Grund, warum sie, als sie ein Kind war, schnell erwachsen werden wollte. Isabella will lieber in den Ställen der Schweine mit den Hütejungen spielen als mit ihren Schwestern den Hofknicks üben.

Illustration von Kerstin Meyer

Dann ist da *Igraine Ohnefurcht*, die im Kettenhemd ihres Urgroßvaters Pelleas von Bibernell das Ritterhandwerk lernen will und mit ihren zehn Jahren die Abenteuer mittelalterlicher Epen erlebt – wobei keiner glaubt, dass es ein Mädchen und nicht ein Knappe ist, der die Ritterregeln so perfekt beherrscht.

Bei dem Ritterturnier auf dem Schloss von König Wilfried dem Wohlriechenden merkt der König erst, dass *Der geheimnisvolle Ritter Namenlos*, der Sieger des Turniers, ein Mädchen ist, und gerade das Mädchen, um das es bei dem Turnier geht, nämlich seine Tochter. Violetta aber, die der Preis sein sollte, sagt: »*Wohlan, so wähle ich mir den Preis eben selbst.*« Sie reitet fort und erst nach siebenmal sieben Tagen kehrt sie zum Schloss zurück – und heiratet den Rosengärtner ihres Vaters.

Das Mittelalter – Kulisse für die Tintenwelt

Fenoglio, der fiktive Autor von *Tintenherz*, lässt mit überbordender Fantasie eine vergangene Zeit in seiner Geschichte lebendig werden. Er selbst nennt seine Tintenwelt eine Welt, die unserem Mittelalter nicht ganz unähnlich ist. Zur Gegenwart wird sie aber erst, als Cornelia als Autorin Figuren aus der Tintenwelt in die reale Welt der Gegenwart holt und Fenoglio selbst in seine Tintenwelt hineingelesen wird: in den Weglosen Wald, in dem die

Natur noch ihrem Ursprung nahe ist, bewohnt von Wölfen, Bären, Katzen mit gefleckten Fell, aber auch von Wesen, die die Natur mit übernatürlichem Leben erfüllen. Er findet sich wieder auf dem Marktplatz von Ombra mit seinen Farben, Gerüchen und Geräuschen. Er trifft die zum Fahrenden Volk gehörenden Spielleute, Artisten und als solche verkleidete Räuber und Wegelagerer, eigentlich den

Gefolgsleuten von Robin Hood nachgezeichnet. Er sieht den Schwarzen Prinzen mit seinem ihm treu ergebenen Bären – beide hat er aus einem Geschichtsbuch gestohlen, wie er sagt. So lebt Fenoglio in den von ihm geschaffenen rivalisierenden Fürstentümern mit dem gutmütigen Speckfürsten und dem Natternkopf auf der Nachtburg, Ausgeburt des Bösen und nichts fürchtend außer dem Tod.

Es ist eine Welt aus Kinderbüchern, in die Cornelia als Autorin der Tintenwelt-Trilogie allerdings auch die dunkle Seite der Geschichte des Mittelalters hineingeschrieben hat. Es gibt z.B. Kinder, die als Geiseln gehalten werden, wenn ihre Väter gegen die Brutalität des Natternkopfs rebellieren, Kinder, die eingefangen und in die Silberminen zur Arbeit getrieben werden.

Ist der schöne Schein der Tintenwelt Lüge?

In diesem Umfeld treibt Capricorn sein Unwesen, der boshafte Schurke mit dem tintenschwarzen Herzblut und seiner schwarz gekleideten Bande. Fenoglio hat diese Welt ganz nach den Wünschen seiner Leser geschaffen. *»Wer will schon eine Geschichte über zwei nette Fürsten lesen?«*, sagt er zu Meggie, als sie ihn fragt, warum er solche Scheusale geschaffen habe. Und es scheint zu stimmen, was er sagt. Meggie muss erfahren, dass selbst Elinor ganz versessen ist auf Burgruinen, obwohl oder weil sie weiß, dass sich dort sicher blutrünstige Geschichten abgespielt haben mit kriegerischen Fürsten, die Schrecken und Tod verbreiteten. *»Sie scheinen ganz offensichtlich in der falschen Geschichte geboren worden zu sein«*, sagt Staubfinger zu ihr.

Als Fenoglio sich dann selbst in seiner Tintenwelt wiederfindet, muss er hautnah erfahren, dass er die Figuren, auf deren Bösartigkeit er so stolz war, nicht kontrollieren kann. Er muss sich ihren Gesetzen fügen. Und als er noch einen Krieg herbeischreibt, wunderschöne Lieder für einen Krieg gegen das Böse reimt, wird alles nur noch schlimmer. Seine Lieder über den Eichelhäher, den er als den Edlen und Furchtlosen Eichelhäher, den Tapfersten der Räuber beschreibt und dem er die unglaublichsten Taten bescheinigt, sind dann schuld daran, dass Meggie beinahe ihren Vater und Resa ihren wiedergefundenen Ehemann verliert. Die Worte sind schuld daran, dass Mo nicht mehr frei ist, nicht mehr frei, in seine Zeit und Welt zurückzukehren. Er muss als »Eichelhäher«, als Räuber und Rächer in der Zeit bleiben, für die die Lieder geschrieben wurden.

Eine »lächerliche Geschichte« gegen die »Stille unter den Bäumen«

Der Schwarze Prinz fragt Mo, ob die Welt und die Zeit, aus der er kommt, sehr viel anders ist als die des Eichelhähers. »*O ja, ich denke schon*«, sagt dieser. Und auf die Frage, ob die Menschen dort glücklicher sind, kann er im Augenblick der Frage nur mit einem Vielleicht antworten. Staubfinger, der viele Jahre in dieser Welt leben musste, nennt sie *zu schnell, zu voll, zu laut*, und er wäre dort fast gestorben vor *Heimweh nach der Stille unter den Bäumen*.

Meggie fragt sich immer wieder, was es wohl sei, das ihr Herz mit Sehnsucht gefüllt habe nach Fenoglios Welt. Es ist eine Sehnsucht, die sie eingesogen hat, wann immer ihre stumme Mutter ihr schreibend erzählte von den Feen in den Bäumen, den bunten Märkten, der Musik der Spielleute, von den Seiltänzern und Feuerschluckern. Eine eindeutige Antwort auf diese Frage findet sie nicht, aber dennoch weiß sie, dass die Sehnsucht stärker ist als die Ernüchterung, die sie erlebt im Weglosen Wald, als sie Hunger hat und Angst vor den Wölfen, als sie kämpfen muss gegen die Grausamkeiten des Natternkopfes.

Capricorn ist der Einzige, der in der Welt, nach der der Schwarze Prinz fragt, bleiben will. Er will nicht zurück in die Zeit, aus der er kommt. Er hat sich in der Gegenwart eingerichtet mit seinen schwarz gekleideten Männern und glaubt, dass sie für seine Zwecke viel besser ausgerüstet ist als die Welt des Buches, aus der er kommt. Schließlich will er alle Kopien von *Tintenherz* verbrennen lassen, damit bloß nicht jemand auf die Idee kommt, ihn zurückzulesen in diese *lächerliche Geschichte*. Vielleicht will Capricorn auch bleiben wegen der Waffen, die ihm hier zur Verfügung stehen und die viel wirkungsvoller sind als mittelalterliche Speere und Schwerter. Mortola, seine Mutter, benutzt in der Tintenwelt Bastas Flinte, um Mo zu töten.

Märchen – Geschichten aus zeitloser Zeit

Dass ihr das allerdings nicht gelingt und Meggie Mo wieder gesundlesen kann – das wiederum ist nur möglich in einer Welt, die aus Wörtern gemacht ist und in der Worte wahr werden wie im »Es war einmal …« des Märchens. So versucht auch Mortola in *Tintentod* letztendlich die Waffen des Märchens zum Töten zu nutzen, und Fenoglio muss märchenhafte Mittel in seine Welt hineinschreiben, um gegen das Böse anzukämpfen. Märchen sind zeitlos und haben auch in der Zeit des Jetzt noch Gültigkeit, auch wenn sie uns zunächst in eine längst vergangene Zeit versetzen. So hat die Erzählerin Cornelia Funke nicht nur in die Geschichten von der Tintenwelt, sondern in fast alle ihre Geschichten Märchenmotive eingewoben, seien es die Figuren in Julias Adventskalender oder in Julebukks Weihnachtswagen, die Wesen in Potillas Feenhügel und im Palast unter dem Sande, auch die, denen Ben, der Drachenreiter, in der arabischen Wüste begegnet. Auch das magische Karussell auf der Isola Segreta, die verzauberten Burgfräulein, die Igraine befreit, und auch die Haare des Riesen, die sie dazu braucht, alle kommen sie aus der Schatztruhe der Märchen. Auch die Bücher, die Cornelia nach der Tintenwelt-Trilogie zu schreiben begonnen hat, schöpfen aus Märchenquellen.

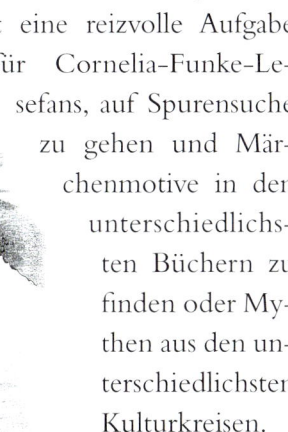

Es ist eine reizvolle Aufgabe für Cornelia-Funke-Lesefans, auf Spurensuche zu gehen und Märchenmotive in den unterschiedlichsten Büchern zu finden oder Mythen aus den unterschiedlichsten Kulturkreisen.

CORNELIAS FANTASTISCHE FIGUREN

S<small>TAUNEND HÖRTE ER IHRE</small> G<small>ESCHICHTEN VON</small> N<small>IXEN UND</small> K<small>LABAUTER-</small>
<small>MÄNNERN, ACHTARMIGEN</small> K<small>RAKEN,</small> F<small>ISCHKÖNIGEN UND SINGENDEN</small> R<small>IE-</small>
<small>SENROCHEN, VON LEUCHTENDEN</small> F<small>ISCHEN UND</small> K<small>ORALLENZWERGEN, VON</small>
<small>HAIFISCHGESICHTIGEN</small> D<small>ÄMONEN UND</small>
M<small>EERESKINDERN, DIE AUF</small> W<small>ALEN</small>
<small>RITTEN.</small> *Drachenreiter*

»Ich weiß auch nicht, wie Erdmonster plötzlich in mein Hirn hüpfen«,
sagt Cornelia – gefragt nach dem
Ursprung der seltsamen Wesen, die
ihre Bücherwelt mit Leben erfüllen. »Ich hab gerne etwas Nicht-
Menschliches um mich herum,
etwas, das außerhalb unseres Ein-
flusses liegt.«
Das Nicht-Menschliche in den Geschichten
der Cornelia Funke sind Wesen aus den Märchen und Mythen des
Abend- wie des Morgenlandes, aus Zauber-, Hexen- und Gespenster-
büchern. Es sind Natur- und Geistgestalten, die den Menschen zu Hilfe kommen oder sie bedrohen, auch Schatten und Schemen, geboren in
Angst- und Albträumen. Es sind Fabelwesen und künstliche Geschöpfe,
Figuren aus Bilderbüchern und Spielzeugkisten, auch solche, die Cornelia
aus ihren Lieblingsbüchern herausgelesen und in ihre eigenen Geschichten
hineingeschrieben hat. »Meist sitzen sie ja schon um meinen Computer
herum, wenn ich morgens ins Schreibhaus komme«, verrät sie, »und dann
wollen sie in meine Geschichten oder sie zwingen mich, ihre zu erzählen,
flüstern sie mir ins Ohr.«

Heimkehr in die Höhlen des Himalaja

Es begann alles mit Lung, dem Drachen in *Die Große Drachensuche oder Ben und Lisa fliegen aufs Dach der Welt*, dem ersten Buch der damals noch völlig unbekannten Cornelia Funke. Lung, der Drache, glaubt das letzte lebende Exemplar eines Drachen zu sein; zumindest macht ihn das ein besonders mutiger Rattenjunge glauben, der sich zu ihm in den Keller der alten Fabrik verirrt hat und der viel von der Welt draußen weiß: *»Die Menschen würden dich auf der Stelle in einen Käfig stopfen und im Zoo zur Schau stellen.«*

Mit den von den Menschen bedrohten Drachen hatte Cornelia ein Thema angesprochen, das sie dann in ihrem nächsten Drachenbuch *Drachenreiter* weiter ausbaute. Vertrieben aus dem Tal der Drachen in Schottland, wird Lung auf seinem Weg in die Heimat der Drachen von Nesselbrand, dem Goldenen, bedroht, einem mörderischen Wesen, das, selbst ein Drache, zum Drachenjäger mutiert ist. Ben, dem wiedergeborenen Drachenreiter aus den Erzählungen der Bewohner am Saum des Himmels, gelingt es mit der Hilfe von Lung, den goldenen Drachen mit dessen eigener Gier zu besiegen. Lungs Feuer lässt sein Gold schmelzen, denn inzwischen besteht er nur noch aus Metall.

Am Ende des Buches ist nicht nur Nesselbrand besiegt, sondern all die anderen Drachen sind aus ihrer Versteinerung gelöst und wieder zum Leben erweckt.

Mit ihren Drachenbüchern hat Cornelia sich und ihren Lesern den Traum von den Drachen bewahrt. Sie hat sie nicht nur mit Worten neu erschaffen, sie hat sie in vielen Details gezeichnet und gemalt, hat sich zu Hause mit Drachenfiguren aus verschiedensten Materialien umgeben, grün, blau und silbern. Sie hat noch weitere Drachengeschichten geschrieben, auch für junge Leser. Sie sind wie auch der von ihr illustrierte *Mondscheindrache* im Loewe Verlag erschienen. Lung, ihr Lieblingsdrache, fliegt auf dem Buchdeckel des *Drachenreiter* im nächtlichen Sternenhimmel, nur vom Mondlicht umgeben – denn die Kraft der Drachen kommt für Cornelias Drachen vom Mond.

Eine Führung in das Reich der mythischen Wesen

Um die Geschichte der Drachen zu erzählen, hat Cornelia eine Seeschlange in den *Drachenreiter* hineingeschrieben, selbst ein Wesen aus dem fabulösen Reich der Natur. Sie sieht wunderschön aus, ihre Millionen Schuppen schimmern, als hätten sie die Farben des Regenbogens eingefangen. Sie ist ein Seeungeheuer, vor dem die Menschen eigentlich glauben Angst haben zu müssen, doch ist sie freundlich und hilfsbereit. »*Denn Menschen fürchten, was sie nicht kennen*«, sagt sie zu Ben. Durch sie erfahren die Leser alles über Nesselbrand, den Goldenen, und wie er die Silberdrachen verjagt hat. Die Seeschlange erzählt von elementaren Gestalten, die älter sind als die Menschen und von denen diese glauben, sie seien ausgestorben oder nichts als Produkte ihrer eigenen Fantasie.

Doch es gibt sie alle noch, die Riesenschildkröten, die Riesenvögel und auch die Riesenkraken, die Klabautermänner, die Seefrauen und Meermänner, die Saugfische, Seeteufel und Raubspinnen, Einhörner und Werwölfe, Zentauren und Zyklopen, die Vampire und Satyrn und auch den Basilisken, den größten Albtraum der Welt. Und natürlich gibt es

die Lind- und Feuerwürmer, auch wenn Siegfried, der Drachentöter, in ihrem Blut gebadet und Michael, der Erzengel aus der Bibel, sie in die Hölle verbannt hat. Sie leben weiter, vor allem in China, als Freunde und Helfer des Menschen, und heißen dort auch Lung – wie Cornelias silberner Drachenfreund.

Nacktschnecken und neblige Dunstgeister

Zottelkralle, das Erdmonster in Cornelias gleichnamigem Buch, bricht aus seiner Höhle unter dem Bretterboden eines alten Schuppens aus und schleicht auf pelzigen Sohlen zum Menschenhaus in das warme Menschenbett von Kalli. Das ist der Junge, der dann Freundschaft schließt mit diesem roten, struppigen, scheußlichen Vieh, das ihn breitmäulig angähnt und mit seinen vier haarigen Armen als »Nacktschnecke« begrüßt.

Cornelia liebt Monster, nannte auch ihren kleinen Bruder Elmar und ihren Cousin Oliver »Monster« und widmete ihnen die Geschichte von Zottelkralle. Für ihre ganz jungen Leser schrieb sie die *Monstergeschichten* und nutzte in den vier Bänden ihrer *Gespensterjäger* jede Gelegenheit, monsterähnliche Gestalten aus dem Reich der Fantasie in die reale Welt des Alltags eindringen zu lassen.

Kobolde, pelzgesichtige Keks- und Pilzfresser

Cornelias Lieblinge im Reich der Fabelwesen sind allerdings Kobolde, Wald- und Bergkobolde, diese kleinen Pelzgesichter mit dem spitzen Verstand und der scharfen Zunge; sie sind Glücksbringer, aber auch neckisch-tückische Spottgeister. Schon in *Die Große Drachensuche* und dann auch im *Drachenreiter* tauchen sie auf, die Dubidais mit ihren runden struppigen Köpfen mit langem zottigem Haar. Und vor allem ist da Burr-burr-tschan, der kleine Kundschafter mit runden schimmernden Augen wie Bergarbeiterlampen.

Diese Wesen bekamen ihr eigenes Buch mit dem stabreimenden Titel *Kein Keks für Kobold*e, wo Neunauge, Feuerkopf und Siebenpunkt in ihren Baumhöhlen sich Sorgen machen müssen um ihre Wintervorräte, die sie normalerweise aus den Campingwagen der Menschen stehlen: Kekse, auch Erdnüsse und süße Schokoriegel. Doch als sie hinkommen, sind die Wagen leer, geplündert von anderen Wesen wie sie. Da geht es den Weihnachtskobolden, die zusammen mit dem Weihnachtsmann vom Himmel gefallen sind, schon besser. Zwar müssen sie tagsüber Kinderspielzeug reparieren, abends aber schnarchen sie satt und zufrieden in ihrer Schlafschublade in Julebukks gemütlichem Wohnwagen.

Der Star der Kobolde ist eindeutig Schwefelfell, das junge Koboldmädchen aus dem *Drachenreiter*, klein wie ein Menschenkind, mit geflecktem Fell und hellen Katzenaugen. *»Bist du ein Außerirdischer?«* fragt Ben, als er sie zum ersten Mal sieht. *»Ich bin ein Kobold. Siehst du das nicht?«*, Pilze sind Schwefelfells Lieblingsnahrung, und etwa 25 verschiedene Pilzsorten, von denen sie alle die botanischen Namen kennt, vertilgt sie auf ihrer Reise mit Lung und Ben. Cornelia hat dazu Pilzbücher studiert und sich beim Schreiben mit dem Duft frischer Pilze umgeben; in den Wäldern im Norden Hamburgs konnte sie genug davon sammeln.

Steinzwerge, die Schatzhüter der Berge

Schwefelfell riecht es, wenn Zwerge in der Nähe sind, und entdeckt auf diese Weise Gipsbart, einen kleinen dicken Mann, kaum größer als ein Huhn, mit einem gewaltigen Hut auf dem Kopf. Auch entdeckt sie seine Verwandten, alles komische kleine Kerle mit spitzen Hacken in den Fäusten ihrer kurzen Arme. Schwefelfell weiß, dass sie hinter Lung her sind, weil sie Drachen brauchen, die für sie an den Felsen schnuppern, um Schätze aufzuspüren. Umgekehrt haben die Trolle auch den Waldkobold geahnt: *»Aber heute Morgen haben unsere Köpfe gejuckt.«* Schwefelfell macht einen Handel mit ihnen. Sie führt sie zu Lung und als Gegengabe zeigen

sie der kleinen Pilzfresserin, wo ihre Lieblingsnahrung zu finden ist. Was sie allerdings nicht merkt, ist, dass Kiesbart, der dickste der Zwerge, unter den Zweigen einer Tanne verschwindet – er wird Lung an Nesselbrand verraten und die Geschichte dadurch umso spannender machen. Als das schlimmste und scheußlichste aller Fabelwesen Lung beinahe getötet hätte, kann Schwefelfell nicht warnen. Sie sitzt nämlich in einem Käfig, in den eine Gruppe Wüstenforscher sie gesteckt hat, weil sie den Kobold für eine Affenmutation hielt. Sie kann also nicht bei Lung in der Höhle sein, als dieses Scheusal, der Basilisk, vor dem schon die Ägypter zitterten, den Drachen zu verschlingen droht. Lungs Feuer nützt nichts gegen diesen Widersacher.

Der Blaue Dschinn – Fernseher mit tausend Augen

Auf Anraten des Professors suchen Lung und Schwefelfell Asif, den Dschinn mit den tausend Augen – in jedem seiner tausend Augen spiegeln sich tausend Orte auf der Erde –, um ihn nach dem Saum des Himmels zu fragen, dem Ziel ihrer Reise. Sie finden ihn am Roten Meer in einer Schlucht mit Namen Wadi Juma'ah. Dort ist er zu Hause, dort, wo die Geschichten erzählt werden, in denen Teppiche fliegen, Berge sich öffnen, Lampen Wünsche erfüllen – die Geschichten aus *1001 Nacht*.

Illustration von Kerstin Meyer

Von einem Dschinn erzählt auch das Buch *Emma und der Blaue Dschinn*. Es ist Karîm, der kornblumenblaue Flaschengeist, der Emma auf dem Teppich in das Land der Kalifen und Dromedare entführt. Er macht ihr, der Blume eines kalten Landes, wie er sie nennt, den kleinen Khalîl im gläsernen Becher zum Geschenk, der ihr nachts im Mondlicht das Glück herbeizaubert.

Berg-, Wald-, Staub- und Feuerelfen

Was die blauen Flaschengeister in den Märchen des Orients, sind die Elfen in den raunenden Erzählungen Germaniens: Zaubergeister, dem Licht oder dem Dunkel verbunden, summende und singende Verführer. Elfen gehören zum Weglosen Wald der Tintenwelt und Staubfinger braucht sie, um Feuer entzünden zu können, mit dem er sprechen kann. Er findet sie in den Feuerbäumen bei den Tümpeln, aus deren dunklem Wasser die Nixen auftauchen, sein Gesicht kühlen und seine Hände mit klebrigem Spinnengewebe umgarnen. Nur so kann er in die Nester der Feuerelfen greifen und kleine Klumpen des feurigen Honigs klauben.
Die Quälgeister der arabischen Wüste, die Lung und seine Begleiter in die Irre führen wollen bei ihrer Suche nach dem Dschinn, sind auch Elfen. Es sind Staubelfen, die Verwandten der nordischen Bergelfen,

mit deren abscheulichen Juckpfeilen Schwefelfell, wie sie sagt, schon Ärger genug gehabt hat. Jetzt schwirren, summen, ki-
chern und flattern die federleichten
Wesen um sie herum. Auch verdecken
sie mit ihrem Schwärmen das einzige
Wegzeichen im endlosen Sand der
Wüste. Homunkulus, Bens kluger
Begleiter, weiß ein Mittel gegen sie,
ein Mittel, das auch schon gegen die

Berg- und Waldelfen geholfen hat. Er versucht das reimende Alphabet der Schimpfwörter, und Cornelia als Erzählerin hat ihre helle Freude an diesen Sprachspielen. Die Elfen schwirren zornig von dannen, bevor sie Lung mit ihrem Staub einschläfern können.

Feen – zarte, zauberkundige Lichtwesen

Als die Illustratorin Cornelia Funke sich entschloss, Geschichten zu erzählen um all die Wesen herum, die sie am liebsten zeichnete, da ging es ihr neben Drachen, Kobolden und Elfen vor allem auch um Feen – *schöne, zauberkundige, dämonische Wesen, die in Quellen, Wäldern, Grotten oder auf fernen Inseln leben* – so die Beschreibung im *Brockhaus*. Sie standen schon an Schneewittchens Wiege und prophezeiten Glück, aber auch Unheil. Feen sind es, die ihren Namen dem lateinischen Wort für Schicksal verdanken, ein Wort, das wir noch gebrauchen, wenn wir sagen, etwas sei fatal. Die Kelten erzählten von ihnen und schufen damit das »fairy-tale«, das englische Wort für Märchen, das ohne die Feen nicht auskommt.

So schrieb Cornelia vier Jahre nach ihrem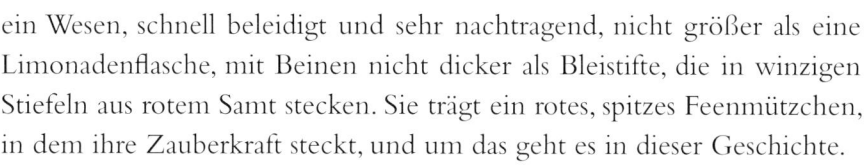
ersten Drachenbuch ein Buch über eine
Feenkönigin: *Potilla und der Mützendieb*.
Von Waldfeen erzählt es, feingliedrigen,
spitznasigen und menschenscheuen Wesen, die in Feenhügeln wohnen, verborgen
unter Haselnuss und Schwarzdorn. Potilla ist so
ein Wesen, schnell beleidigt und sehr nachtragend, nicht größer als eine
Limonadenflasche, mit Beinen nicht dicker als Bleistifte, die in winzigen
Stiefeln aus rotem Samt stecken. Sie trägt ein rotes, spitzes Feenmützchen,
in dem ihre Zauberkraft steckt, und um das geht es in dieser Geschichte.
Waldfeen sind es auch, die Staubfinger bei seiner so lange ersehnten Rückkehr in den Weglosen Wald begierig begrüßen: winzige, blau schillernde
Dinger, deren glasfarbene Flügel sich im Abendlicht rot färben. Mit ihren feinen Händen greifen sie nach seinem fuchsblonden Haar, das sie für
ihre Nester brauchen. Er gibt es ihnen gerne, denn er hat sie vermisst, so
sehr vermisst, und jetzt weiß er, er ist wieder zu Hause. Auch Meggie hat
Sehnsucht nach den Feen, von denen Resa, ihre Mutter, ihr erzählt, als sie
zurück ist aus der Tintenwelt.
Auch Tinkerbell ist eine Fee, Peter Pans kleine Gefährtin. Meggie hat sie
aus ihrem Lieblingsbuch gelesen und zu ihrer Gefährtin gemacht in Capricorns Gefängnis. Doch sie muss es schrecklich bereuen, hat sie sie doch
damit Basta ausgeliefert, der dieses kleine Lichtwesen mit Gewalt dazu
zwingen will, ihm Glück zu bringen.
In Cornelias Schreibhaus in Los Angeles wartet noch eine andere Feen-
geschichte darauf, geschrieben zu werden. Es ist eine Geschichte aus der
ursprünglichen Feenwelt der Kelten, wo Feen Kinder der Menschen rau-
ben und sie ersetzen durch einen »changeling« – ein Kind, das bei den
Menschen aufwächst und sein Leben lang Sehnsucht haben wird nach der
Welt der Feen.

Weihnachtmänner, Hexen und Werwölfe

Über all die Wesen, die aus dem Reich zwischen Realität und Fantasie kommen und ihre Bücherwelt bereichern, sagt die Schriftstellerin Cornelia Funke: »Es mag sie geben oder nicht, aber sicher ist, ich hätte gerne, dass es sie gäbe.«

Für die Helden ihrer Bücher, die Kinder, gibt es sie natürlich. Sie begegnen ihnen, erleben mit ihnen Abenteuer, holen sie in ihre Welt hinein. Oft retten sie sie auch aus bedrohlichen Situationen – wie natürlich auch umgekehrt.

Illustration von Regina Kehn

Niklas Julebukk in *Als der Weihnachtsmann vom Himmel fiel* ist der letzte echte Weihnachtsmann. Er hat keinen künstlichen Rauschebart und ist auch nicht aus Schokolade. Er hat ein Rentier vor seinem Wagen, auch wenn der kein Schlitten ist, dafür aber ein Bauwagen mit einer Werkstatt, in der seine Weihnachtskobolde Kinderspielzeug herstellen. Natürlich will Waldemar Wilhelm Wichteltod, der moderne Weihnachtsmann mit dickem Bauch, Pausbacken und einer Knollennase, Julebukk in einen Weihnachtsmann aus Schokolade verwandeln, damit er ihm mit seinen Weihnachtswundern nicht mehr in die Quere kommt. Dass ihm das trotz seiner Armee aus aggressiven Nussknackern nicht gelingt, muss er nicht zuletzt Ben zuschreiben. Natürlich steckt auch die Erzählerin dahinter, die sich und ihren Lesern mit diesem Buch das Weihnachtswunder bewahrt.

Auch Hexen, dämonische Wesen in menschlicher Gestalt, die sich auf Zäunen, Wiesen und Hecken aufhalten, holt die Erzählerin Cornelia Funke in die Realität ihrer Geschichten, ohne dass sie befürchten müssen, von den Menschen auf Schei-

Illustration von Regina Kehn

terhaufen verbrannt zu werden. In *Zwei wilde kleine Hexen* sitzt Elfriede, eine wahrhaftige Hexe mit einem Dolch im Gürtel und einem Stock mit geschnitztem Katzenkopf, rittlings auf dem Gartenzaun, hinter dem Lilli und Rosanna in der Walpurgisnacht Hexensuppe kochen. Sie führt die beiden in die Geheimnisse der Hexerei ein, indem sie ihnen zeigt, wie man die Angst verliert, die Angst vor dem Unbekannten. Und so lernen sie zu fliegen und das Glück aufzuwecken. *»Juchhuuh, ist das ein Spaß, eine Hexe zu sein!«*, wissen am Ende nicht nur Elfriede, sondern auch Lilli und Rosanna.

Wenn Dämonen die Herrschaft über einen Menschen erlangen, nimmt der Mensch Wolfsgestalt an und wird zum Werwolf. Das ist ein alter Mythos, der besagt, dass die Seele den schlafenden Menschen verlässt und er sich in ein Tier der Stärke und des Lichts verwandelt. Motte in der Geschichte *Der kleine Werwolf*, der Junge, der die Nacht nicht mag, nicht die Dunkelheit und nicht den Mond, verwandelt sich ganz langsam und ohne dass er es zunächst richtig merkt. Statt ihn zu dämonisieren, zeigt Cornelia als Erzählerin ihn als ein Wesen mit sehr menschlichen Zügen. Er findet das Mitleid des Lesers in seiner Angst, Kaninchen und Meerschweinchen fressen zu müssen; und seine Freude, dass er als Wolf endlich die fiesesten Jungs der Klasse mit einem einzigen Knurren, einem tiefen wilden Knurren, Angst einjagen kann, teilt der Leser auch mit ihm. Als Mottes Fell wieder verschwindet und seine Tatzen wieder Hände werden, weiß Motte, dass der Wolf noch da ist, ganz tief in ihm. Und er fühlt sich wunderbar wölfisch stark.

Tiere, die zum Mythos werden

Tiere, sehr kleine und sehr große, spielen in vielen Cornelia-Funke-Geschichten mit; sie können sogar zu Hauptpersonen werden. Aber nur zwei spielen Rollen, die weit über das hinausgehen, was in Büchern Rollen für Tiere sind.

Da ist zunächst Gwin, der Marder mit den kleinen Hörnern, der auf dem Buchrücken von *Tintenherz* zu sehen ist und auch vorne inmitten der Buchstaben. Er ist etwa so groß wie ein Kaninchen, aber viel schlanker, mit einem Schwanz buschig wie ein Pelzkragen, wenn er ihn um Staubfingers Hals legt. Gwin ist Staubfingers ständiger Begleiter und eigentlich sein Todesbote. Doch das erfährt Staubfinger erst, als es fast zu spät ist.

Zu einem fast mythischen Tier wird auch der große schwarze Bär, der wie ein zottiger Schatten nicht von der Seite seines Herrn, des Schwarzen Prinzen, weicht. Der sagt zwar, er sei ein echter Bär, aber die Leute um ihn herum glauben, dass er ein verhexter Mensch ist, und die Schergen des Natternkopfs sehen in ihm einen Nachtmahr. Das ist auch gut so, denn der Schwarze Prinz, König der Spielleute, Freund Staubfingers und Mos Beschützer, wäre ohne seinen Bären sicher schon lange den Todespfeilen der Männer des Natternkopfs erlegen. So aber steht er im Schutz seines Bären. Fenoglio ist stolz auf seinen Bären, und Cornelia als Autorin ist es wohl auch. Sie hat ihn nicht nur mit Worten erfunden, sondern auch mit der Tuschfeder lebendig werden lassen in mehreren Illustrationen, die sie ihrer Geschichte beigibt.

Zwei liebenswerte Kunstprodukte

Homunkulus, genannt Fliegenbein, Bens Freund auf dem Rücken des Drachen, ist kein Fabelwesen, sondern ein künstliches Produkt aus der Alchimistenküche des Mittelalters. Er ist ein besonders kluges Geistwesen, Körper gewordene Intelligenz, wenn er auch mit seinem struppigen, karottenroten Haar, mit seinen seltsamen Kniebundhosen, seiner langen engen Jacke mit großem Kragen und seinen winzigen spitzen Stiefeln durchaus körperlich präsent ist. Er stammt aus Goethes Drama *Faust*, wo er

von Mephisto geschaffen wird und somit ein Teufelsprodukt ist. Im *Drachenreiter* ist Homunkulus ein liebenswürdiger kleiner Kerl, nicht zuletzt, weil er sich todesmutig und unter Tränen von Nesselbrand, dem er als Spion gedient hat, lossagt und Ben zu seinem neuen Meister macht. In der englischen Übersetzung hat Fliegenbein den Namen Twigleg, und Cornelia liebt ihn so sehr, dass sie in L. A. ihre Firma nach ihm benannt hat. Vielleicht hat er ja auch ein wenig Pate gestanden bei der Geburt eines anderen seltsamen kleinen Mannes, durchsichtig, aus leicht zerbrechlichem rosafarbenen Glas:

Als Cornelia anfing zu schreiben, bekam sie eine Sammlung alter Glasfederhalter und gläserner Füller geschenkt, die ein Freund auf dem Dachboden seiner Großmutter gefunden hatte. Sie waren sehr zerbrechlich, mit fein gedrechselten Glasfedern, rosa oder bläulich schimmernd.

Sie war fasziniert von diesen Gerätschaften, nutzte sie zum Zeichnen mit verschiedenfarbigen Tinten, malte wunderschöne Buchstaben mit ihnen und war jedes Mal traurig, wenn eins von diesen empfindlichen Gebilden zerbrach.

Sie hat in *Tintenblut* daraus Rosenquarz modelliert, Fenoglios spitzzüngigen und hochempfindlichen Feder-Halter und Schreibassistenten, der mit einem Stolz ausgestattet ist, der ebenso zerbrechlich ist wie seine Glieder. Er hat dunkel gefärbtes Haar, schläft neben dem Krug mit den Schreibfedern auf einem winzigen Kissen, streitet mit Fenoglio, fordert sein Frühstück ein und ist eben ein richtiger kleiner Glasmann.

Gestalten aus Asche, Seelenschwärze und Bosheit

Wenn die fantastischen Figuren der Geschichtenerzählerin Cornelia Funke nicht aus der Natur, nicht aus Märchen, Mythen und Fabeln und auch nicht aus menschlichen Werkstätten und Labors kommen, wenn sie keinen Körper haben, keine irdische Farbe und keine verständliche Stimme, dann sind sie Gesandte des Todes, Schatten und Schemen aus dem Reich, das jenseits dessen liegt, was Menschen mit ihrer sinnlichen Wahrnehmungskraft fassen können und deshalb mehr fürchten als das Böse in Menschengestalt.

So hat Capricorn in *Tintenherz* neben seinen Männern, den Handlangern seiner Schreckensherrschaft, noch jemanden, den

er rufen kann, wenn er ganz besondere Hilfe braucht. Es ist eine Gestalt, mal rot wie das Feuer, mal grau wie die Asche, ein Schatten ohne Gesicht, aber mit glühenden Augen. Aus der Asche von Capricorns Opfern soll er geschaffen sein. Er ist unsterblich, unverletzlich, ohne Mitleid wie sein Herr. Aber da Fenoglio, der Autor von *Tintenherz*, nicht nur Capricorn, sondern auch den Schatten geschaffen hat, will er wagen, was eigentlich unmöglich ist; er will das einmal Geschriebene umschreiben, will aus dem Schatten, dem Vollstrecker von Capricorns Untaten, Capricorns Henker machen. Meggie soll den neuen Text, versteckt im Ärmel ihres Kleides, hineinschmuggeln in die Schlussszene von *Tintenherz* und den Schatten herbeilesen. Meggie schafft es nicht, doch Mo tut es für sie. Und die Erzählerin berichtet: ... *und sein schwarzes Herz stand still.*

Am Ende von *Tintentod* erschafft Orpheus als letztes Mittel in seinem Kampf gegen Staubfinger einen Nachtmahr. Er soll ihn aus einem Kinderbuch herausgelesen, einige Worte umgestellt und so aus dem Schrecken der Nacht einen ihm gefügigen Hund gemacht haben. Da der Nachtmahr Wächter an Briannas Käfig ist, muss Staubfinger ihn besiegen, um seine Tochter befreien zu können. Der Nachtmahr versucht mit seiner schwarzen Tatze die Flammen, die Staubfinger zu Hilfe ruft, zu löschen. Da glaubt Staubfinger in all dem Schwarz das Gesicht Bastas zu erkennen und er lässt die Flammen Bastas Namen schreiben. Wie Schwerter fahren sie in die Schwärze des schmalen Fuchsgesichts, und der Nachtmahr *schrie und schrie, während seine Gestalt zerlief wie Tinte.*

Weiße Frauen: Verführerische Gesandte des Todes

Aus der Welt der Schemen und Schatten kommen auch die Weißen Frauen der Tintenwelt. Sie erscheinen, wenn ein Herz schwächer schlägt, ein Atem ins Stocken kommt. Ein Flüstern kündigt sie an, sie stehen da, verschwommen wie ein Spiegelbild auf dem Wasser, die Hände verführerisch lockend. Cornelia hat sie in den Mythen Schottlands gefunden. Wie flügellose Engel sind sie, diese Töchter des Todes. *Sie waren so schön – und so schrecklich*«, empfindet Meggie, als sie ihnen begegnet. Fenoglio hat auch die Weißen Frauen geschaffen und er ist stolz auf seine Geschöpfe, bis sie Dinge tun, die er weder geschrieben noch vorhergesehen hat. Er muss einsehen, dass sie schon vor seinen Worten da waren – auch wenn sie sich mit Worten rufen lassen.

Als sie Mo holen wollen, kann er ihnen kaum widerstehen. Sie füttern ihn mit Sehnsucht, ihre weißen Hände sind wunderbar kühl auf seiner brennenden Haut. Dass es Meggie dennoch gelingt, ihn zu retten, scheint an Fenoglios Worten zu liegen, die sie laut und inständig liest. Doch lässt Cornelia als Erzählerin ihre Leser wissen, dass es nicht allein an den Worten liegt, dass Mo noch nicht sterben darf. Die Geschichte braucht ihn noch. In *Tintentod* kommen die Weißen Frauen wieder, um Mo zu entführen, und zwar dorthin, wo er dem Tod direkt begegnet.

Auch dem Tod gibt Cornelia eine Gestalt, allerdings eine in sich immer wieder wandelnder Form. Der Tod spricht zu Mo mit einer sehr alten Stimme, der Stimme einer Frau, und nennt sich »Die große Wandlerin«. Er ist ein Vogel mit goldenen Federn und einem blutroten Fleck auf der Brust, dann ein Eichhorn mit buschigem Schwanz, eine Raupe, die zum Schmetterling wird, eine gescheckte, große Katze, ein Marder mit scharfen Zähnen ... »Bring mir den Natternkopf«, ruft er ihm zu. Mo hat noch einen Auftrag zu erfüllen.

Ein Ritter aus der Anderswelt der Toten

In der Kathedrale von Salisbury hat Cornelia den Ritter William Longspee gefunden, seine steinerne Gestalt ruht ausgestreckt mit Schwert und Schild und überkreuzten Füßen auf der Grabplatte, ein Hinweis auf ihn als Kreuzfahrer. Er regte sie zu einer Geschichte an, in der sie schon versank, als sie eigentlich noch in der Tintenwelt war. Es heißt, Longspee könne keine Ruhe

finden, bis er seine Schuld gesühnt habe, die er in all den Fehden, Kriegen und Kreuzzügen auf sich geladen hat. Und Schuld wird gesühnt durch gute Taten, durch Hilfe, die man denen zukommen lässt, die sie brauchen. Und so kommt Jon ins Spiel, der Junge, der dann sein Knappe wird. Der Elfjährige, der ins Mittelalter eintaucht, kann auch dem Ritter helfen – wie, das erzählt er selbst in dem Buch, in dem er gleichzeitig Held und Erzähler ist.

CORNELIAS HELDEN

TEUFEL, FENOGLIO!, BESCHIMPFTE ER SICH SELBST. DU HAST SIE ERFUNDEN, UND NUN STARRST DU SIE AN, ALS SÄHEST DU ZUM ERSTEN MAL IN DEINEM LEBEN EINE FRAU. *Tintenblut*

Figuren zwischen Realität und Fiktion

»Du musst wissen, ich nehme mir gern echte Menschen als Vorbild für meine Figuren ... weil es sie einfach lebendiger macht«, sagt Fenoglio, der Dichter, der *Tintenherz* geschrieben hat, das Buch, um das es in der Tintenwelt-Trilogie geht.

Was Cornelia als Autorin ihren Dichter da sagen lässt, trifft auch auf ihre Figuren zu.

»Ich stehle hier, ich stehle dort, und schon beginnen sie zu atmen, bis jeder, der von ihnen hört oder liest, glaubt sie anfassen zu können«, sagt er weiter.

Dass allerdings das Anfassen-Können lebensgefährlich werden kann wie im Falle Mo und Fenoglios Eichelhäher-Liedern, das lässt Cornelia nur im Buch geschehen. Dort aber geschieht es so unerbittlich, dass man spürt: Buchstaben kommen aus der Wirklichkeit und wirken ebenso auf sie ein. Als Fenoglio seinen eigenen Figuren, vor allem Roxane, der wunderschönen Spielfrau, in der Wirklichkeit der Tintenwelt gegenübersteht, da fragt er sich: *Wie willst du sie erfunden haben? Sie muss immer schon da gewesen sein,*

lange vor deinen Worten. Eine wie sie kann unmöglich nur aus Worten gemacht sein.
So geschieht es dann auch, dass die Figuren sich selbstständig verändern, sich und auch ihre Geschichte, dass sie nicht mehr tun, was der Autor will, oder dass sie geradewegs aus ihrer Geschichte herausspazieren und in eine andere hinein. *»Wie sollte ich denn voraussehen, was ihnen so einfällt?«*, ruft er verzweifelt aus.

Auch Cornelia lässt sich als Erzählerin von ihren Figuren Geschichten ins Ohr flüstern oder sie beobachtet, wie diese ganz andere Dinge tun, als sie geplant hat. »Sie sehen plötzlich anders aus, reden anders, sind glücklich, wenn ich dachte, sie würden in Tränen zerfließen«, sagte sie einmal. Das Eigenleben, das sie entwickeln, kommt auch sicher daher, dass Cornelia sie beim Schreiben vor sich sieht, sie zeichnet und farbig gestaltet, sie in ihrer Vorstellung auf die Bühne stellt, sprechen und handeln lässt. Sie identifiziert sich so mit ihnen, dass sie selbst manchmal nicht mehr weiß, ob sie real ist oder eine Figur in einem Roman. Sie erinnert sich, dass für sie wie für die meisten Kinder ihre literarischen Lieblingsfiguren oft stärker im Gedächtnis haften blieben als ihre Spielkameraden.

So passiert es ihr auch beim Verfilmen ihrer Bücher, dass sie Schauspieler, die in die Rolle ihrer Figuren schlüpfen, beim Filmset ansieht, als könnten sie nichts anderes sein als das, was sie spielen. Sie glaubt, sie hätte sie schon vor Augen und ihre Stimme in den Ohren gehabt, als sie die Figur für ein Buch erfand. Im Falle von Brendan Fraser war das ja wirklich so. Und als sie in der *Tintenherz*-Verfilmung Eliza, das Mädchen, das Meggie spielt, am Drehort persönlich kennenlernte, da ging es ihr ebenso und sie merkte auch spätestens dann, wie sehr doch einiges von ihr in Meggie eingeflossen war oder zumindest einiges von dem, wie sie hätte sein wollen. Und wenn sie unter einem Pressefoto liest: »Staubfinger wurde in Hannover gesehen«, dann freut sie das besonders, denn sie weiß damit, dass Feuerspucker aussehen wie Staubfinger oder dass Staubfinger eben ein echter Feuerspucker ist.

Kinder sind die besseren Erwachsenen

Das Menschenleben in den Büchern der Cornelia Funke ist zunächst immer ein Kinderleben. Kinder sind die Helden. Kinder betreten die Bühne, wenn die Handlung beginnt – auch wenn manchmal schon ein Drache da ist oder der Weihnachtsmann. Durch die Augen der Kinder sehen die Leser die Welt, denn Cornelia als Erzählerin wählt zunächst immer die Perspektive der Kinder. In ihrer Salisbury-Geschichte wählt sie sogar zum ersten Mal die Form der Icherzählung aus der Perspektive des elfjährigen Jon. Wenn sie in ihrem neuen Roman *Reckless* Klara zu ihrer Heldin wählt, ein Mädchen, das schon fast erwachsen ist, dann könnte es daran liegen, dass Cornelias Tochter Anna, die im übertragenen Sinne an Klaras Wiege gestanden hat, auch kein Kind mehr ist.

Aus der Perspektive der Kinder ist es auch stimmig, dass Fenoglio, als er in die Hand des von ihm selbst herbeigeschriebenen Riesen gerät, sich nur mit einem Kinderspiel retten kann, das er immer mit seinen Enkeln gespielt hat.

Und als Fenoglio keine Worte mehr einfallen, mit denen er die Kinder von Ombra vor dem Natternkopf retten könnte, da weiß er, dass nur ein Kind diese Worte finden kann. Er sagt zu Despina, der kleinen Tochter seiner Wirtin: »*Und dann werden wir zwei herausfinden, wie es weitergeht. Wir spinnen das Lied einfach weiter.*« Und das immer wieder beschworene gute Ende der Tintenwelt-Trilogie verdankt sich einem Kind.

Cornelias Mädchen machen sich stark

»Bühne frei für freche selbstbewusste Mädchen« war die Titelzeile der *Westfälischen Allgemeinen Zeitung* nach einem Interview zum Abschluss der Kult-Serie *Die Wilden Hühner*. Cornelia lässt Mädchen auftreten, die eben das verkörpern, was sie an ihrer Mädchenschule gelernt hat: Sie können alles erreichen, was sie wirklich erreichen wollen. So unterschiedlich sie sind, mutig wie Meggie, energisch wie Sprotte, pummelig wie Trude, kurzsichtig wie Eule, manchmal frustriert wie Greta und Rosanna, hilfsbereit wie Charlotte, stark wie Esther und Lina, stets gut gelaunt wie Lilli, unternehmungslustig wie Emma, schön wie Melanie, neugierig wie Julia und Lisa, fürsorglich wie Anna, verantwortungsbewusst wie Wespe, ob sie Prinzessinnen sind wie Violetta oder Isabella, Rittermädchen wie Igraine, Piratentöchter wie Molly: Als Heldinnen, meist Titelheldinnen in Cornelias Büchern sind sie alle aus dem gleichen Holz geschnitzt. Sie haben Selbstbewusstsein oder bringen es sich gegenseitig bei, sie zeigen Stärke, auch wenn es viel Kraft kostet, sie verwirklichen ihre Träume, auch wenn sie dabei Niederlagen hinnehmen müssen, sie übernehmen Aufgaben, solange sie ihnen einsichtig sind, sie suchen und finden Abenteuer, vor allem, wenn sie um die Ecke auf sie warten. Cornelias Mädchen wachsen an ihren Abenteuern, obwohl sie an ihnen auch manchmal zu zerbrechen drohen. Meggie weiß zu Beginn von *Tintenblut*, dass sie die Worte von Orpheus nicht lesen darf, sie weiß es schon, bevor sie es tut. Sie weiß, dass die Worte sie von Mo und Resa trennen und in die Tintenwelt bringen werden, die Welt, von der die Worte flüstern. Doch sie weiß zugleich, dass sie sich schon entschieden hat, auch wenn sie später rufen wird: »*Was hab ich getan? Mo, was hab ich nur getan?*«

Cornelias Jungen überwinden die Angst

Und die Jungen, die traditionellen Titelhelden in Geschichten und Romanen? Auch bei ihnen dreht Cornelia das typische Rollenklischee um. Selbst Willi, der Würger genannt wird und nach außen sein Frankenstein-Gesicht zeigt, kann sich allein nicht wehren gegen seinen brutalen Vater. Da braucht er schon seine Freunde, die Pygmäen, und die nehmen dann auch gerne die Hilfe der Wilden Hühner an, wenn es denn sein muss. Scipio, der mysteriöse und allmächtige Herr der Diebe, ist hinter seiner Maske ein Sohn aus reichem Haus, der seinen strengen Vater fürchtet und noch einem Kindermädchen gehorchen muss.

Cornelias Jungen sind mutig, doch ist ihr Mut aus überwundener Angst geboren.

Tom, der Held der komisch-frechen Serie *Gespensterjäger*, muss sich am Anfang von seiner Schwester auslachen lassen, weil er sich nicht traut, in den Keller zu gehen. Und Ben, der *Wildeste Bruder der Welt*, kriecht dann doch in Annas Bett, wenn die nächtlichen Geräusche zu unheimlich werden. Arthur, der der große Held in Potillas Feenreich werden soll, pfeift im Wald vor sich hin, um sich Mut

zu machen. Und dass aus Motte in einer stockschwarz-scheußlichen Nacht ein kleiner Werwolf wird, hilft ihm, nicht mehr ganz so klein, schwach und feige zu sein. Auch Ben in der Geschichte von Julebukk, dem vom Himmel gefallenen Weihnachtsmann, muss all seinen Mut zusammennehmen, als er an die Tür dieses nicht ganz geheuer aussehenden Bauwagens klopft.

Ein weiterer Junge, der als Held in Cornelias Geschichte aus Salisbury sehr viel Angst überwinden muss, ist Jon Whitcroft, der elfjährige Internats-schüler. Doch durch das, was er in dieser Geschichte erlebt und durchsteht, reiht er sich wie selbstverständlich in die Reihe der Jungen ein, die Cornelias Geschichten zu einem guten Ausgang verhelfen.

Mädchen und Jungen gemeinsam

Bei all den aufregenden Abenteuern in Cornelias Geschichten passiert es immer wieder, dass ein gutes Ende dann doch erst möglich ist, wenn Jungen und Mädchen gemeinsam handeln. In den Geschichten *Dicke Freundinnen* suchen und finden Sofie und Belinda den Wilden Philipp und Emma kann ihr Pferd Mississippi nur retten mit Leo und Max. Charlotte, das Mädchen mit dem Mausgesicht und dem Hund Wutz, hilft Ben beim Retten des Weihnachtsmanns, obwohl Ben eigentlich keine Mädchen mag. Arthur besteht sein großes Abenteuer auch nur mit Esther, diesem Mädchen mit den fuchsroten Haaren, und Motte hätte sicher ohne Lina, die einen Kopf größer ist als er und seine allerbeste Freundin, die Werwolfangriffe nicht so gut abgewehrt. Und um noch einmal Jon zu erwähnen, der hätte alle die Abenteuer nicht bestanden ohne Ella, das Mädchen mit den sehr langen dunklen Haaren, vor dem seine Freunde ihn warnen, weil sie eine Hexe als Großmutter haben soll.

Auch Farid, der in seiner Welt gelernt hat, den Schwertern der Räuber und Henker Trotz zu bieten, hat Angst vor der Nacht und den Geistern. Dass er sich in Capricorns Dorf schleicht, um Meggie zu retten, übersteigt fast seine Kräfte. Doch tut er es, weil er dem nicht widerstehen kann, was auf Mos Stirn geschrieben ist: Sorge, Ärger, Schmerz, Liebe.

Illustration von Daniela Kulot

Kinder, die allein sind

Kinder, die stark sein müssen, weil sie alleine sind wie Ben, der Straßenjunge aus dem *Drachenreiter*, oder Wespe, das Mädchen aus dem Kinderheim in *Herr der Diebe*, oder weil sie sich gegenseitig beschützen müssen wie Prosper und Bo, die Waisenjungen in Venedig, sind Cornelia besonders ans Herz gewachsen. Sie kennt Kinder wie sie von ihrer Arbeit auf dem Bauspielplatz in Hamburg.

Nachdem diese Kinder sich durch viele bedrohliche Situationen durchgebissen, Ängste und Gefahren überwunden, aber auch immer wieder Freunde gefunden haben, denen sie vertrauen konnten, verhilft ihnen Cornelia als Erzählerin zu einem Zuhause. Bei Ben gehört zu einem solchen Leben Guinever dazu, Professor Barnabas' Tochter, die er seine Schwester nennt und von der er weiß, dass zwei Monate mit ihr sehr kurzweilig sein werden. Und Bo, der kleine *angelo* aus *Herr der Diebe*, setzt sich an die Seite von Ida, die ihn gerade aus den Klauen seiner Tante gerettet hat. *»Wir bleiben bei dir«*, sagt er und zu dem Wir zählt er nicht nur Prosper, seinen großen Bruder, sondern selbstverständlich auch Wespe, das Mädchen, das im Sternenversteck seine gute Fee war. Mosca und Riccio, den Freunden aus den Tagen des Lebens auf der Straße, traut Cornelia auch weiterhin ein Leben ohne ein richtiges Zuhause zu. Sie finden ein anderes Versteck in Venedig, und Scipio, der ja inzwischen erwachsen geworden ist, lässt sie nicht im Stich.

Ein ganz normales Jungenleben will Cornelia Farid ermöglichen, nachdem sie ihm die Angst genommen hat, getreten und geprügelt zu werden. Meggie fragt ihn im letzten Kapitel von Tintenblut: *»Farid? Was ist nun? Kommst du mit uns?«* Natürlich sagt er Ja und umarmt sie – allerdings nur hinter dem Rücken ihres Vaters. Sein endgültiges Zuhause findet er dann allerdings bei Staubfinger, wenn er mit ihm als Feuerzauberer über die Märkte zieht.

Mütter und Väter – wie Kinder sie sich wünschen

Zum Zuhause gehören im Idealfall Eltern, ein Vater, eine Mutter, Geschwister. Ben, das Straßenkind aus Hamburg, kann sich deshalb nur die allerwunderbarsten Sachen vorstellen, wenn er an seine neue Familie denkt. Und Ben und Lisa, die Geschwister, sehnen sich nach ihrer Reise mit Lung plötzlich nach ihrer Mutter. *»Sie war sicher ziemlich einsam«*, sagt Lisa.

Wenn Eltern nicht ganz so super sind, dann erfindet Cornelia schon mal Geschichten, in denen Eltern von ihren Kindern – oder von dem Weihnachtsmann – dazu gebracht werden, sich zu ändern. Und dass Willis prügelnder Vater von den Pygmäen mehr oder weniger sanft umerzogen wird, ist zumindest im Buch möglich. Und Julias und Ollis Eltern sitzen am Ende der Geschichte *Hinter verzauberten Fenstern* genauso staunend vor dem Adventskalender wie ihre Kinder.

Ein Vater für Sprotte

Auch eine Mutter allein kann durchaus alles sein, was ein Zuhause bedeutet – falls es eine Mutter ist wie Sprottes Mutter. Sie ist die beste Freundin ihrer Tochter und Sprotte will keinen Vater mehr. Sie weiß, dass es richtig war, dass ihre Mutter die Briefe ihres Vaters nie beantwortet hat. Sie versteht es, denn schließlich hat dieser Kerl sie sitzen lassen mit einem Kind und ist durch die Welt gereist, um Pyramiden oder Grizzlybären zu fotografieren. Sprotte hat zwar mit fünf oder sechs Jahren eine ganze Weile lang Vaterbilder gemalt, aber das ist lange vorbei. Als der Vater dann doch wieder auftaucht und ihre Mutter ihre alten Platten wieder auflegt und in der Küche herumtanzt, barfuß, weiß Sprotte, dass das nur bodenlose Traurigkeit oder grenzenlose Glückseligkeit bedeuten kann.

Eine Mutter für Meggie

Für Meggie dagegen gibt es eigentlich nur einen Vater, auch wenn da ein paar blasse Fotos an der Wand hängen von ihrer Mutter und Mo ihr immer wieder sagt, sie ähnle ihr mehr als ihm. Das will sie aber gar nicht, denn es ist das Gesicht ihres Vaters, das sie mehr liebt als irgendein Gesicht auf der Welt. Und als sie Mo fragt, ob er ihre Mutter vermisst und er antwortet »Manchmal«, um dann hinzuzufügen: »Morgens, mittags, abends, nachts. Fast immer«, da spürt sie, wie *die Eifersucht ihr kleine Krallen ins Herz bohrte.*

Sie kann sich nicht erinnern, wie es ist, neben Mo noch eine Mutter zu haben. Sie hat manchmal in ihren Büchern nach einer passenden Mutter gesucht, aber da waren nur immer böse Stiefmütter, keine Mütter weit und breit, nicht bei Tom Sawyer und Huck Finn, nicht bei Peter Pan und auch nicht bei Jim Knopf. Und als sie ihre Mutter dann wiederfindet,

ist sie zunächst eine fremde Frau. Als auch Mo Resa dann wiedersieht, da legt er zwar Meggie die Hand auf die Schulter und lächelt, aber es ist Resa, die er anschaut. Doch als ihre Mutter ihr die Worte auf die Handfläche schreibt: *Nach euch hatte ich mehr*

Heimweh, viel mehr, will Meggie diese Worte festhalten und sie schließt ihre Finger zur Faust. Wie wichtig auch ihre Mutter für sie wird, Mo, ihren Vater, kann Resa nie ersetzen. In *Tintentod,* wenn Mo nicht ganz ohne Resas Zutun zu den Weißen Frauen geht, wird Meggie zu ihr sagen: *»Glaub nicht, dass ich mit dir zurückgehe.«*

Ersatzeltern für Ben, Wespe, Prosper und Bo

Eltern müssen manchmal ersetzt werden, dann nämlich, wenn es sie nicht gibt. Das ist Cornelia wohl ein ganz besonderes Anliegen, denn sie schafft in ihren Geschichten, falls es nötig ist, Ersatzeltern. Sie schafft in Staubfinger einen Ersatzvater für Farid, für ihre venezianischen Straßenkinder eine Ersatzmutter und Ersatzeltern für Ben, der auf Lungs Frage *»Wird dich hier niemand vermissen?«* antwortet: *»Ich bin allein. Ich war schon immer allein.«* So findet Ben seine neuen Eltern in Ägypten, in einem ausgetrockneten Flussbett, wo Archäologen ihre Zelte aufgeschlagen haben. Dort arbeitet Professor Barnabas Wiesengrund, Spezialist für Fabelwesen, und das lenkt die Geschichte in eine Richtung, die schon jetzt ein gutes Ende ahnen lässt für Ben.

Und dieses gute Ende findet dann statt in einem Tal in Indien, am Saum des Himmels, inmitten eines Meers von blauen Blumen, als der Professor Ben fragt: *»Hat der Drachenreiter schon entschieden, was er machen will?«,* und Ben antwortet: *»Ich würde gerne mitkommen. Mit Ihnen, meine ich.«*

Ida Spavento – eine Mutter für die Straßenkinder

Mit der Frage *»Ihr verlasst mich doch wohl nicht alle auf einmal?«* beginnt für Bo und Prosper – und auch für Wespe – das letzte und glückliche Kapitel ihres Venedig-Abenteuers. Es ist Ida, die das fragt, Signora Ida Spavento, in deren *salotto* sie gerade sitzen und bei der sie Unterschlupf gefunden haben, nachdem sie von ihr bei ihrem nächtlichen Einbruch erwischt wurden. Ida hat Wespe angesehen, und Wespe hat sie wohl an ihre eigene Kindheit erinnert, eine Kindheit ohne Eltern im Waisenhaus der Barmherzigen Schwestern.

Mit Ida Spavento hat Cornelia eine Figur geschaffen, die ganz eine Frau nach ihrem Herzen und Verstand ist. Wenn es darum geht zu helfen, tut die Signora auch schon mal Dinge, die entweder nicht zu ihrem Alter oder aber nicht ganz zu den Gesetzen passen. Auch findet sie einen richtig guten Partner für diese Art Unternehmungen, und das ist Victor, Cornelias personifizierter Bob Hoskins.

Elinor – eine starke Frau an Meggies Seite

Elinor, Meggies Großtante, deren Gesicht Meggie anfangs an eine Bull-dogge erinnert und die, wie sie selbst ausdrücklich sagt, keine Kinder mag, ist mit ihrem großen Haus und dem eisernen Tor vor dem Grundstück Mos erster Zufluchtsort auf seiner Flucht vor Capricorn, Elinor selbst ebenso unfreundlich wie ihr Anwesen, ihre Kleidung ebenso abweisend. Dass Elinor Kinder hauptsächlich nicht mag, weil sie mit Marmeladenfin-gern in Büchern blättern, Seiten herausreißen und tote Frösche hineinle-gen, das erfährt Meggie erst später. Und auch Elinor erfährt erst später, dass Meggie nicht zu diesen Kindern gehört. Meggie spürt bald, wann Elinors Gesicht die Freude über Meggies Bücherliebe nicht mehr verbergen kann. Schließlich hat Cornelia Elinor als Figur Ruth Baldwin nachempfunden, der leidenschaftlichsten Büchersammlerin unserer Zeit. Hunderttausend Bücher, vor allem Kinderbücher, hat sie der Universität von Florida über-tragen, und Bücher waren die treibende Kraft ihres Lebens.

Dass Elinor im Verlauf der Tintenwelt-Trilogie zunehmend zu einer Figur wird, die nicht nur Meggies, sondern auch die Sympathie der Leser an sich zieht, stand für Cornelia sicher schon fest, als sie dieser vielfarbig schillernden Frau den Namen einer ihrer besten Freundinnen gab und dieser das Buch widmete. Und als Cornelia am Set für *Tintenherz* in Capricorns Dorf in Ligurien Helen Mirren Elinor spielen sah, da war sie so fasziniert von ihr, dass sie im Script die Rolle der Elinor gerne noch angereichert gesehen hätte.

In *Tintentod* nimmt Elinor dann wesentlichen Einfluss auf das weitere Geschehen. Sie weckt nicht nur Fenoglio aus seiner Mutlosigkeit auf, sie steht auch Meggie bei, wenn es darum geht, die Kinder zu versorgen, zu trösten und zu retten. Sie wird am Ende der Geschichte diejenige sein, die Meggies kleinem Bruder von der Welt erzählt, aus der seine Schwester kommt, und die ihm verspricht, ihm eines Tages diese Welt zu zeigen.

Ein Vater, der zwei Töchter verloren hat

Ein Vater, plötzlich von seiner Frau und den zwei gemeinsamen Kindern getrennt, hineinversetzt in eine Welt, die ihm fremd und unverständlich ist, das ist die Geschichte von Staubfinger. *»Staubfinger hat es das Herz gebrochen«*, sagt Mo zu Meggie, als er ihr erzählt, wie er plötzlich vor ihm stand, herausgelesen aus *Tintenherz*. Als Meggie Staubfinger zum ersten Mal sieht, kommt er ihr verloren vor, verloren wie ein ausgesetzter Hund.

Als Staubfinger nach vielen Jahren in die Tintenwelt zurückkommt, erfährt er, dass Rosanna, seine jüngste Tochter, noch als Baby gestorben ist und Brianna, die bei seinem Fortgang ein Kind war, inzwischen am Hof des Fürsten Cosimo lebt. Roxane, die er geheiratet hat, als sie eine viel umworbene Spielfrau war, hat inzwischen ein weiteres Kind geboren, dessen Vater durch das Feuer von Brandstiftern starb. Roxane wiederzugewinnen ist Staubfinger nur möglich, indem er erneut um sie wirbt, zumal er ihr nicht erklären kann, wo er all die Zeit gewesen ist. Und als es dann Farid gelingt, ihm in die Tintenwelt zu folgen, fragt Roxane kalt und abweisend: *»Ein Sohn, von dem ich nichts weiß?«*

Staubfinger muss viele schmerzliche Erfahrungen machen und mit seinen Feuerspielen viele gefahrvolle Situationen meistern, bis Roxane wieder zu ihm hält, Brianna wieder Vater zu ihm sagt und er spürt, dass seine Frau Farid nicht ohne Grund für seinen Sohn hält – er hatte nämlich sein Herz in Verdacht, dasselbe zu tun. Dass er am Ende von *Tintenblut* sein Leben für das Farids gibt, die Weißen Frauen ihn aber wieder freilassen, zeigt, dass Cornelia als Erzählerin ihn für die Rettung der Tintenwelt noch brauchte. Und dass Mo es ist, der ihn aus dem Reich des Todes holen kann, zeigt, dass Cornelia Mo die Möglichkeit geben wollte, das an Staubfinger begangene Unrecht wiedergutzumachen.

CORNELIAS ERZÄHLERISCHE MITTEL

OH, ES WÜRDE FANTASTISCH WERDEN. SEIN GRÖSSTER TRIUMPH! EINHÖRNER, ZWERGE, BUNTE FEEN … DAS ALLES WAR GAR NICHT SCHLECHT, ABER NICHTS GEGEN DAS, WAS ER NUN VOLLBRINGEN WÜRDE! ORPHEUS. HATTE DER NAME, DEN ER SICH GEGEBEN HATTE, JEMALS BESSER GEPASST?

Tintentod

»Ich glaube, ich wurde geboren, um dieses Buch zu schreiben.« Diese Aussage der Geschichtenerzählerin Cornelia Funke zu ihrem Roman *Tintenherz* ist schon so oft zitiert und kommentiert worden, dass man ihr kaum noch neue Aspekte abgewinnen kann. Sie aber einmal zu betrachten als Aussage zu ihr selbst als Erzählerin, gibt Auskunft über das, was das Erzählen mit sich bringt.

In diesem Buch gibt Cornelia ihren Lesern nämlich Einblicke in die Werkstatt, aber auch in die Seele des Schriftstellers. Sie erschafft in Fenoglio, dem Autor von *Tintenherz*, eine Figur, durch die er die Leser die vielen Facetten eines Menschen kennenlernen lässt, der mit Worten eine eigene Welt zaubern kann, dann aber erfahren muss, wie seine Welt mächtiger wird als er und er sie nicht mehr kontrollieren kann.

In Orpheus, dem Namen nach Lichtgestalt der griechischen Mythologie, schafft sie Fenoglios Gegenspieler, einen Sänger und Dichter, der sich *Meister aller Worte, der geschriebenen wie der gesprochenen* nennt, diese aber nur in den Dienst seines Größenwahns stellt und so zum monströsen Bösewicht mutiert.

Buchstaben – Zaubermaterial für Dichter

Buchstaben, zum Klingen gebracht und zu Wörtern gefügt, zu Worten, die eine eigene Welt entstehen lassen – sie sind das Material eines Geschichtenerzählers. Buchstaben waren schon da, bevor sie in ein Alphabet

gebracht wurden. Zeichen sind sie, in Höhlenwände geritzt, aus Buchenstäbchen geschnitzt, geschaffen, um zu beschwören, zu zaubern, zu heilen. Buchstabieren heißt im Englischen »to spell« und das heißt auch »verzaubern«. Cornelia als Erzählerin nimmt sie ernst, die Buchstaben, weiß um ihre Macht. »*Ich rede nicht über Kinderzauber. Ich spreche von Buchstaben*«, lässt sie Fenoglio sagen, den Dichter, der aus Buchstaben die Welt geschaffen hat, in der die Tintenwelt-Trilogie spielt. Mit *Tintenherz* machte Cornelia das Lesen und Schreiben selbst zum Thema. Sie schrieb über das, was ihr Leben von Kindheit an ausgemacht hat: die Leidenschaft für Bücher. Und sie spielte alles durch, was mit dieser Leidenschaft zu tun hat, alles, was an Glück, aber auch Unglück aus dieser Leidenschaft kommen kann.

Und da Wörter schon seit Beginn der Menschwerdung da waren, waren auch die Geschichten, die sie erzählen, immer schon da. Die Geschichten, einmal aufgeweckt, gehen ihren eigenen Weg, entziehen sich dem Erzähler und stemmen sich dagegen, wenn er nach einem guten Ende strebt.

Glück und Elend, das aus Büchern kommt

Für Mo, auch Zauberzunge genannt, wird das Vorlesen zum Fluch, seit er Capricorn und seine Männer, aber auch Staubfinger aus der Tintenwelt herausgelesen hat und dafür Resa, Meggies Mutter, an sie verloren hat. Capricorn wird neun Jahre ihn und seine Tochter verfolgen, und Staubfinger hasst ihn dafür, dass er sein Leben zerstört hat. Nie wieder will Mo aus einem Buch vorlesen, und er tut es auch nicht, bis er zum Schluss von *Tintenherz* dann doch Meggie beistehen muss und für sie mit Worten tötet. Mo wird selbst Opfer von Worten, die ihn zum Robin Hood der Tintenwelt machen. Es sind Wörter, in Liedern gereimt und zum Klingen gebracht durch die Spielleute von Ombra. Cornelia lässt ihre Leser allerdings ahnen, dass die Aufgabe, als »Eichelhäher« den Natternkopf zu töten, von Anfang an Mos Schicksal war.

So lehnt auch Fenoglio, der Dichter der Eichelhäher-Lieder, es ab, für Mos Verwandlung die Verantwortung zu übernehmen. Die Welt, die er in seinem Buch hat lebendig werden lassen, braucht einen Robin Hood, um das Böse zu bekämpfen.

Ein Dichter, der seine Welt zu retten versucht

Fenoglio ist die Figur, die es Cornelia als Erzählerin dieser Geschichte erlaubt, ihren Lesern die vielen Facetten eines Schriftstellers zu zeigen. Geschichtenerzähler, Lehrer und Magier nennt sie ihn, er selbst nennt sich Tintenzauberer und Papierhexer, für andere ist er der Tintenweber und Tintenkleckser. Er hat seine Licht- und Schattenseiten, einen berechtigten Stolz, aber auch eine teils verhängnisvolle Selbstliebe. Als Mo und Meggie ihn um Hilfe bitten, weil seine lebendig gewordenen Figuren sie als Geiseln nehmen und für ihre Zwecke zu benutzen versuchen, ist er zunächst fassungslos. Er hatte das Böse doch nur geschaffen, wie er sagt, weil keiner eine Geschichte mit nur gutmütigen Fürsten lesen will. Dass es ihm gelingt, das Ende seiner Geschichte dann so umzuschreiben, dass das Böse sich selbst vernichtet, muss er allerdings damit bezahlen, dass er in seine eigene Welt verbannt wird und in ihr leben muss.

Aus Tinte und Feder werden Blut und Eisen

Fenoglio fühlt sich in seiner Welt zunächst sehr wohl – schließlich ist *Tintenherz* ja auch ein faszinierendes Buch, meisterhaft geschrieben und voller Abenteuer. Fenoglio wird zum Hofdichter, zum Liederschreiber für die Spielleute, zum Liebling der Kinder. Doch dann muss er erfahren, wie aus seiner Tinte Blut und aus seiner Feder Eisen gemacht werden. *»Ihr schmiedet die Worte. Ich lasse Schwerter schmieden«*, sagt Cosimo zu ihm, der schöne Fürst, den er gerade neu geschaffen hat. Und in dem darauf folgenden Krieg werden alle Väter in Ombra hingeschlachtet und die Kinder und Mütter bleiben allein zurück – schutzlos der Brutalität des Natternkopfs ausgesetzt. Fenoglio versucht, die Geschichte noch einmal zurechtzurücken,

doch die Worte wollen sich einfach nicht mehr einstellen. Jetzt glaubt er, dass es da irgendwo einen teuflischen Erzähler gibt, der seine Geschichte weiterspinnt. Er wird müde und gebrechlich, billiger Wein ersetzt ihm die Tinte, er kann und will nicht mehr schreiben. Es klingt wie Anklage und tiefe Resignation, wenn dann in *Tintentod* Mo zu Meggie sagt: »*Fenoglio wird uns diesmal kein gutes Ende schreiben (…) Ich muss es schreiben, mit Taten statt mit Worten.*«

Eine Geschichte verweigert sich

Doch die Idee, dem Natternkopf ein Buch zu binden, aus weißen Seiten, die mit ihrem Schweigen den Tod binden und den Natternkopf vor ihm schützen, war Fenoglios Idee. Es war eine gute und erfolgreiche Idee, allerdings eine sehr zweischneidige, da Mo zwar gerettet, aber der Natternkopf nun unsterblich war. Das konnte noch nicht das Ende der Geschichte sein. Die Geschichte wollte wohl noch mehr von dem, um das es in Geschichten geht, mehr Hass, Gier und Grausamkeit, mehr Angst, Schmerz und Zorn, mehr Verzweiflung und Dunkelheit, bevor Fenoglios Hoffnung zurück ist und seine Tintenwelt sich wieder in die Welt verwandelt hat, nach der Staubfinger und auch Meggie sich in Sehnsucht verzehren.

Cornelia weiß von Schiller, einem ihrer Lieblingsdichter, dass das Gute, um siegreich zu sein, der ganzen Macht des Bösen ausgesetzt sein muss. Sie lässt zwar in der Schlussszene von *Tintenblut* Farid in Meggies Ohr flüstern: »*Diese Geschichte wird ein gutes Ende finden. Ich schwöre es.*« Doch als sie das schrieb, wusste sie wohl selbst noch nicht, welchen Widerstand die Geschichte leisten würde gegen Farids Schwur.

Ein begnadeter Sänger als gieriger Bösewicht

»*Orpheus betritt die Bühne. In welcher Rolle? In der des Bösewichts natürlich.*« Orpheus, eigentlich Lichtgestalt der griechischen Mythologie, ist es gelungen, in die Welt seines Lieblingsbuchs aus Kindertagen einzutauchen. Und jetzt will er sich um Fenoglios Geschichte kümmern. Dass er das aber nicht kann, ohne Wörter aus Fenoglios Buch herauszupicken und neu zu montieren, das wird ihm später zum Verhängnis werden. Er wurde gerufen, um Staubfinger, seine Lieblingsfigur aus *Tintenherz*, von den Weißen Frauen zurückzuholen. Und er glaubt, dass er das kann – trägt er doch den Namen des Sängers, der sich als Einziger mit dem Tode maß. *»Ich werde Worte finden, so köstlich und betörend wie der Duft einer Lilie, Worte, die den Tod betäuben«*, sagt er zu Roxane.

Sein Größenwahn, vor allem seine Gier – so nennt Cornelia es als Erzählerin – verwandelt Orpheus in den, den Fenoglio als den teuflischen Erzähler fürchtet, der sich in seine Geschichte eingemischt hat. Und als der Schöpfer der Tintenwelt Orpheus gar hinter einer der grausamsten Szenen der Geschichte vermutet, der Szene, in der die Schergen des Natternkopfs die Kinder von Ombra einfangen, da ruft Fenoglio voller Verzweiflung nach Worten, nach den Worten, die die Kinder retten können. *»Nun kommt schon! Kommt schon, ihr verdammten Wörter! Es sind Kinder. Kinder! Rettet sie!«* Doch er sitzt vor einem leeren Blatt, auf dem nichts als ein paar Tränen sind. *Stunde um Stunde. Bis tief in die Nacht.*

Worte gegen die Schrecken des Bösen

Man hört fast Meggies Stimme bei dieser Szene, eine Stimme, die nicht nur Fenoglio, sondern auch Cornelia als Erzählerin fragt: *»Warum hast du diesen Orpheus geschaffen, diesen Widerling?«* Es sieht ganz so aus, als braucht die Geschichte seine Rolle als Bösewicht, als schatz- und machtgierigen Intriganten, als potenziellen Mörder des Eichelhähers, als Fenoglios Gegenspieler aus der wirklichen Welt. *»Für Robin Hood gibt es kein Happy End«*, lässt Cornelia als Erzählerin ihn sagen und so kann sie anschließend ihre Leser miterleben lassen, wie vieler Ideen, wie vieler erzählerischer Mittel es bedarf, wie vieler beschwörender Worte, um gegen einen solchen Satz anzugehen. Und sie muss gegen ihn angehen, aus Überzeugung.

Fenoglio muss eine Blume wachsen lassen, damit Roxane den Schwarzen Prinzen vom Gift Mortolas heilen kann. Er muss aus dem Reich der Märchen den Riesen herbeirufen, der die Soldaten des Natternkopfs zertritt. Er muss sich daran erinnern, dass er in seinen Wald Baumnester hineingeschrieben hat, in denen der Schwarze Prinz die Kinder in Sicherheit bringen kann. In diesen Baumnestern kann Fenoglio dann auch endlich wieder neue Ideen in Texte weben.

Fenoglio erhält Unterstützung von Darius, dem scheuen und verängstigten Vorleser aus Capricorns Diensten, dem es endlich gelingt, sich und Elinor in die Tintenwelt zu lesen. Elinor wird Meggie beistehen beim Retten und Trösten der Kinder, wird aber auch Fenoglio reizen und ihm aus ihrem Bücherschatz Ideen einhämmern, wie seine Welt zu retten sei – mit Worten, die Meggie lesen wird.

Das Warten auf den Satz: »Und alles war gut.«

Noch viele weitere Worte und Taten braucht Fenoglios Geschichte, bis endlich ein Kapitel enden kann mit dem Satz: *Und alles war gut.* Vor allem braucht sie Staubfinger, der nach seiner Rückkehr von den Weißen Frauen zum Magier des Feuers geworden ist. Nur ihm gelingt es, Orpheus' Nachtmahr zu vernichten.

Den endgültigen Retter allerdings findet die Geschichte der Tintenwelt in einem Kind. Es ist ein Kind, das Orpheus überlistet und diesem selbsternannten Meister aller Worte das klebrige Lächeln von den Lippen nimmt und seine plumpen, beringten Finger zittern lässt. Sicher hat es Cornelia als Erzählerin von Kindergeschichten ganz besondere Freude bereitet,

Orpheus verbittert und resigniert zugeben zu lassen: »*Aber das war das Problem dieser Welt – dass sie im Herzen kindisch ist.*«

Dabei ist das Kind, das Cornelia aussucht, um die Tintenwelt zu retten, keineswegs ein liebenswertes Kind, nein, es ist ein verzogenes, aggressives und böses Kind. Es ist Jacopo, das Kind von Cosimo, dem Schönen, und Violante, der Tochter des Natternkopfs, die nur die Hässliche genannt wird – und das auch von ihrem eigenen Sohn.

Jacopo weiß, was er tun muss, um den Eichelhäher zu retten. Er weiß es, weil er alle die Bücher über den Eichelhäher gelesen und die Illustrationen des Balbulus angestaunt hat. So kommt die Rettung einer Welt, die aus einem Buch kommt, aus Büchern, und zwar aus Kinderbüchern. Jacopo möchte eigentlich werden wie der Eichelhäher und wie der Schwarze Prinz natürlich und wie Staubfinger, der Feuertänzer. Er weiß, wo sein Großvater das Weiße Buch versteckt hat, in das die drei Wörter geschrieben werden müssen. Und so nutzt er die Waffen eines Kindes und tut, was er tun muss. *Keiner achtete auf das, was ein Kind sah*, bemerkt die Erzählerin.

So wird die Tintenwelt wieder Fenoglios Welt, die Welt aus seiner Geschichte. Er hat sie nicht allein retten können, er und seine Helden haben viele Helfer gebraucht. Ein kleiner Junge hat sie zu Ende geschrieben – mit einem winzigen, abgegriffenen Kreidegriffel. Cornelia lässt das geschehen, obwohl sie weiß, dass die Menschen es gar nicht gerne haben, wenn Helden Hilfe brauchen, schon gar nicht von Kindern. Doch die Tintenwelt ist im Herzen kindisch – das hatte ja schon Orpheus erfahren müssen.

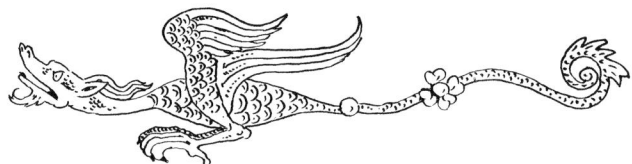

Cornelias

Themen

»Bücher müssen schwer sein – weil die ganze Welt in ihnen steckt«, so antwortet Cornelia, wenn sie gefragt wird, welche Themen sie am meisten beschäftigen. Bücher erfassen die Welt durch Sprache, und die besteht aus Wörtern, und Wörter wiederum bestehen aus Buchstaben. Buchstaben, eigentlich Buchenstäbchen, magische Zeichen der Germanen, beschwören die Wirklichkeit, erfassen die Welt. Das Cornelia-Funke-ABC, teils mit den Buchstaben versehen, die Cornelia selbst für die Einbände ihrer Tintenwelt-Trilogie gestaltet und mit Motiven ihrer Geschichten durchsetzt hat, versucht anhand von Stichworten mit den Initialen von A bis Z zu erfassen, welche Themen, in verschiedenen Büchern unterschiedlich gewichtet, die Welt der Cornelia Funke ausmachen.

Abenteuer

Erlebnisse,
die es zu entdecken gilt

Heute war ein Tag, an dem man als Kind mal wieder vor der Wahl stand, entweder vor Langeweile zu sterben, wieder mal stundenlang fernzusehen oder etwas absolut Abenteuerliches zu erleben. Ben und Lisa entschieden sich für das Abenteuer.
Das ist einer der ersten Sätze aus Cornelias erstem Buch. Und wie ihre Helden, so hat auch Cornelia sich für das Abenteuer entschieden – und das in all ihren weiteren Büchern. Abenteuer heißt im Mittelalter »aventiure« und bezeichnet das, was dem Ritter begegnet auf seiner Erlebnisreise, auf der er sich bewähren muss und die ihn davor bewahrt, träge zu werden. Cornelia steht gerne in der Tradition dieses Erzählens.

Bücher

Teppiche zum Fliegen
in andere Welten

»Bücher wurden schon sehr früh meine Begleiter. Sie erzählten von Abenteuern und von tausend magischen Orten, die ich eines Tages irgendwo glaubte finden zu können. Ich habe seitdem sehr viel von der wirklichen Welt gesehen, aber ich habe immer noch Hunger auf Bücher«, so schreibt Cornelia im Jahrbuch ihres Verlags Scholastic.
»Teppiche zum Fliegen in andere Welten« sind Bücher für sie. Damit sind sie bunt, voller fremdartiger Bilder und natürlich mit magischer Kraft ausgestattet.

Capricorn

Das schwarze Herz
des Bösen

Das Böse besiegen und nicht zulassen, von ihm besiegt zu werden – dafür setzt Cornelia alle ihre erzählerischen Mittel ein. Sie erinnert sich, wie ihr Sohn Ben auf die Frage, warum er den Sheriff von Nottingham und nicht Robin Hood spielen wolle, geantwortet hat: »Die Bösen sind stärker.« Da fragte sie sich: »Wenn ich die Bösen nicht schlagen kann, werde ich einer von ihnen. Ist das der Trick?« Und sie gibt sich die Antwort: »Niemals würde ich das wollen.«

Dunkelheit

Ort für die Dämonen
der Angst

»Die wahren Geschichten und Abenteuer sind hell und dunkel, manchmal ganz finster«, schreibt Cornelia an ihren Vater.

In der Dunkelheit wachsen böse Träume, erscheinen Ungeheuer, vergnügen sich die Dämonen der Angst. Worte bannen die Angst in Bilder, geben ihr eine Form. In den Worten hört man die Stimmen der anderen, die Angst haben, wie man selbst, und man ist nicht mehr allein mit den Dämonen. So sieht es Cornelia, und ihre Leser verstehen sie. »Ich lege Ihr Buch unter mein Kopfkissen und fühle mich ganz stark«, so schreibt ihr Marion.

Erzählen

Faszination des Sprechens und Hörens

Vor allem Schreiben stand bei Cornelia das Erzählen, und noch heute gerät ihr Lesen meist ins Erzählen. Sie will ihre Zuhörer ansehen, mit ihnen kommunizieren, in ihren Augen ihre Reaktionen ablesen. Am liebsten würde sie ihre Geschichten am Kamin erzählen, um ein Feuer herum, in Zelten und Jurten, mit Kerzen statt künstlichem Licht, in einem Kreis von Zuhörern, die zu einer verschworenen Gemeinschaft werden, gebunden durch die Sehnsucht nach einer Welt, in der Erzählungen Wirklichkeit werden.

Fantasie

Die Möglichkeit, die Welt zu entgrenzen

»Das ursprüngliche Erzählen ist an sich fantastisch«, so Cornelia. Fantasie vermag Grenzen zu sprengen, die Grenzen, die uns unsere Sinne setzen. Sie hat magische Kräfte, weil sie unsere Welt verwandelt und somit zeigt, dass sie auch anders sein könnte. Fantasie ist die Quelle aller Kreativität. »Ihre Bücher sind so voller fantastischer Ideen, dass sie fast realistisch sind«, so schreibt Jane. »Danke, dass Sie meine Augen geöffnet haben für eine andere Welt«, so Muriel.

Glück

Etwas, das es aufzuwecken gilt

Emma hat Schmetterlinge im Bauch vor Glück, Gretas Herz wird plötzlich leicht, so leicht wie eine Papageienfeder, wie Blütenblätter einer Rose, Staubfingers Glück ist so stark, dass ihm die Knie weich werden. Farid kann nur noch flüstern, das Glück sitzt ihm wie Watte auf der Stimme und es hätte ihn nicht verwundert, wenn sein Herz einfach aus ihm herausgeschwebt wäre. »Danke, dass Sie mich mit Ihren Büchern so glücklich machen«, schreibt Markus, und so oder ähnlich schreiben viele.

Helden

Alltägliche Menschen und ihre Helfer

Cornelia will nicht den Einzelnen als Helden, auch nicht den, der schon zum Helden geboren ist. Sie liebt den unfreiwilligen Helden, den »brüchigen«, wie sie ihn nennt. Sie steckt alltägliche Menschen in ungewöhnliche Situationen und lässt sie zu Helden werden. Dabei lässt sie sie nicht alleine, sondern stellt ihnen Helfer zur Seite im Kampf gegen das Böse. Und wenn die Angst des Helden vor dem Bösen zu groß wird, dann entzaubert sie die Bösen, lässt sie selbst Angst haben. Basta hat immer eine Kaninchenpfote als Amulett bei sich – aus Angst vor Geistern.

Igraine

Mädchen nach
Cornelias Herzen

Igraine, das 12-jährige Rittermädchen, lebt im Mittelalter, hat ihren Namen von König Artus' Mutter und tut Dinge, die den alten Stallmeister der Baronin von Düsterfeld dazu bringen, sie ganz fest an sich zu drücken und ihr ins Ohr zu flüstern: »Du bist mutiger als so mancher erwachsene Ritter.« Sie hat zwar Angst vor Spinnen, aber sonst fürchtet sie nichts – ein Mädchen ganz nach Cornelias Herzen, ein Mädchen, das die Schranken ihrer Zeit übersprungen hat.

Jacopo

Warum ein Kind
die Tintenwelt rettet

Dass ein Kind eine Geschichte rettet, ist in Cornelias Bücherwelt eigentlich keine überraschende Wendung. Dass es aber Jacopo ist, der Fürstenbalg, wie Staubfinger ihn nennt, ist eine Wendung, wie die Leser sie sicher nicht erwarten. Ob er die Geschichte rettet, weil er die Tränen seiner Mutter nicht ertragen kann, weil er den Eichelhäher bewundert oder weil er sich an seinem Großvater rächen will, das lässt Cornelia offen. Sie lässt ihn die Geschichte retten, obwohl oder weil sie weiß, dass die Menschen es gar nicht gerne haben, wenn Helden Hilfe brauchen – schon gar nicht von Kindern.

Kinder

Neugierige Zuhörer,
unbelastete Leser

Cornelia nennt sich gern eine »Spionin der Kinder in der Welt der Erwachsenen«. Wenn Erwachsene Kindern Wahrheiten vorenthalten und sich stattdessen in Geheimnisse hüllen, dann zeigt Cornelia auf, dass Kinder die Wahrheit besser ertragen als all die dunklen Geschichten, die sie sich zusammenspinnen, um die Geheimnisse der Erwachsen zu erklären. Allerdings weiß sie auch, dass Wahrheiten, die das Herz mit Verzweiflung füllen, Kindern nur dann erzählt werden können, wenn man etwas hat, das gegen die Verzweiflung Hoffnung setzt.

Lesen

Flucht, die nur der
Kerkermeister fürchtet

»Bitte bring mich hier fort, nur für eine Stunde oder zwei«, so fleht Meggie, als sie in Capricorns Gefängnis zum Buch greift. Ist Lesen also Flucht, oder ist es gar Täuschung? »Wer hat etwas gegen Flucht? Doch nur der Kerkermeister«, antwortet Cornelia mit Tolkien. Die Realität direkt verändern kann Lesen sicher nicht, es kann sie aber verzaubern und die Lesenden wissen lassen, dass sie vielleicht einmal anders war oder auch anders sein kann. Und das liest man in Geschichten.

Märchen und Mythen

Geschichten,
die sich selbst erzählen

Die ältesten Geschichten sind die, die keinen Autor haben. Anonym sind sie und sicher so alt wie die Menschheit. Sie sind entstanden zusammen mit der Sprache, erzählten sich selbst und spannen sich weiter. Märchen heißen sie, sind nicht an Ort und Zeit gebunden, wandern von Volk zu Volk und ordnen den Menschen in den Mythos ein. Cornelia steht gerne in der Tradition dieses Erzählens. So erklärt sie sich auch, dass ihre Geschichten, einmal ausgelöst, sich oft selbst weitererzählen – wie die uralte Geschichte, in der Ben, der Drachenreiter, steckt.

Natur

Der Ort,
wo das Leben ist

Teppiche aus Moos, kühle Teiche, Blüten und süße Beeren überall, Bäume, die bis in den Himmel wachsen, und über einem sprechen ihre Blätterstimmen mit dem Wind. So beschreibt Cornelia den Wald, den sie liebt. Sie lässt ihn *bersten vor Leben* und doch ist er *still, ganz wunderbar still*, als gäbe es keine Zeit.
In der Tintenwelt kann Cornelia eine Natur schaffen, die ihrem Ursprung fast noch nahe ist, deren Lichter sich nicht wehren müssen gegen die Überflutung der Zivilisation. *Die Nacht war klar, der Himmel ein mit winzigen Perlen besticktes schwarzes Tuch. Noch nie hatte sie so viele Sterne gesehen*, so beschreibt sie Meggies Erlebnis der Nacht.

Ombra

Eine Stadt
aus dem Mittelalter

Ombra, die Stadt des Speckfürsten, bietet Cornelia die Möglichkeit, ihrem Traum vom Mittelalter Form, Farbe und Klang zu geben. Sie sieht den Markt und das Treiben dort mit Meggies Augen. *Meggie schlug das Herz schneller von all dem Durcheinander, dem Stoßen und Schieben, den tausend Gerüchen (...) Ihre Sinne waren wie betäubt. Augen, Ohren ... sie konnten kaum ein Zehntel von dem aufnehmen, was um sie her geschah. Von irgendwoher klang Musik herüber, Trommeln, Schellen, Trompeten (...) Überall zwischen den Ständen war es, das Bunte Volk: Pfeifer und Jongleure, Messerwerfer, Starke Männer, Tierbändiger, Schlangenmenschen, Schauspieler und Possenreißer.* Und unter ihnen der König der Spielleute, der Schwarze Prinz, mit seinem zotteligen schwarzen Bären.

Poesie

Die Sprache der
klingenden Bilder

Poesie ist der Name für die Sprache, die mehr kann als Geschichten erzählen. Sie schafft gleichzeitig Bilder, ist Klang und Duft. Cornelia feilt an den Worten, damit ihre Sprache den Namen »Poesie« immer mehr verdient. Ihre Leser spüren das und bestätigen damit ihre Aussage, dass Kinder sehr empfänglich sind für die Qualität der Sprache. »Ich habe mich in den poetischen Klang Ihrer Worte verliebt, weil sie Bilder formen in meinem Kopf«, schreibt Chelsea. Und Katie wundert sich, dass sie sehen, riechen und hören kann, was sie liest, und dass sie fühlen kann, wie weich Schwefelfells Fell ist.

(Rosen)-Quarz

Dichter
brauchen Helfer

Als Cornelia ihrem gläsernen Federhalter Leben einhauchte, wurde Rosenquarz geboren, Fenoglios feingliedriger Glasmann. Seine Aufgabe ist es, mit Tinte vollgesogene Federn zu reichen, feine Sandkörner über die Schriftzeichen zu streuen, den Siegellack über brennender Kerze zu schmelzen und das Bett zu schaffen für das F, das sich dann in den roten Lack drückt. Tatsächlich aber entwickelt Rosenquarz sich zu einem Wesen, auf das Cornelia die Ängste und Zweifel des Dichters lädt, seine Unzulänglichkeit, seinen Hochmut und auch den Unmut mit sich selbst. Er ist es, der ihm die Wahrheit sagt, wenn die Worte ihn verlassen. *Was konnte der Glasmann dafür, dass sie so hässlich war?*, fragt Fenoglio sich selbst.

Realität

Die Welt hinter den
Buchstaben

»Ihre Bücher machen die Welt fantastisch«, schreibt Nina und sie fügt hinzu: »Sie haben die Art, wie ich die Welt betrachte, verändert.« Über die Geschichten, die Cornelia erzählt, stolpert sie meistens im Alltag. Noch die fantastischsten ihrer Abenteuer spielen in der Realität. Als Meggie in der Tintenwelt ankommt, ist sie erstaunt, wie wirklich diese Welt hinter den Buchstaben ist. Alles scheint ihr vertraut und doch so fremd. Die Fremdheit mag daran liegen, dass diese Welt eben doch eine Welt der Fantasie ist – bearbeitet in der Ideenwerkstatt des Schrifstellers, eine neue Welt, eine neue Realität.

Schriftsteller

Der schönste Beruf
der Welt

Für Cornelia ist Schriftsteller ein Beruf wie jeder andere, eben nur schöner, dem der Zauberer und Magier gleichzusetzen. Sie hat ihn sich nicht von Anfang an ausgesucht, wurde dann aber immer tiefer hineingesogen. Heute kribbeln ihr die Finger, wenn sie nicht schreiben kann. Als sie mit ihrem Roman *Tintenherz* ganz tief eintauchte in die Welt des Buches, da wusste sie endgültig, dass ihr Beruf eine Berufung war. »Ich glaube, ich wurde geboren um dieses Buch zu schreiben.« Die Grenzen zwischen dem, was sie schreibt, und dem, was sie lebt und auch erlebt, verwischen sich zunehmend.

Tod

Das Land, wo es keine
Sehnsucht gibt

Zum Thema Tod sollen Cornelias Worte selbst sprechen. Sie hat sie Staubfinger abgelauscht, als er bei den Weißen Frauen war:
Sie waren fort. Hatten ihn allein gelassen mit all dem Blau, das sich so schwer vertrug mit dem Rot des Feuers. Blau wie der Abendhimmel, blau wie Storchenschnabelblüten, blau wie die Lippen Ertrunkener, blau wie das Herz einer Flamme, die allzu heiß brennt. Ja, manchmal war es auch heiß in dieser Welt. Heiß und kalt, hell und dunkel, schrecklich und schön, sie war alles zugleich. Es war eine Lüge, dass man nichts spürte im Land des Todes. Man spürte und hörte und roch und sah, doch das Herz blieb seltsam gelassen dabei – als ruhte es aus. (…) Frieden. War das das Wort?

UEG *unglaublich ekliges Gespenst*

Die Freude am Alphabet

Das *UEG, das Unglaublich Eklige Gespenst* ist ein Beispiel für Cornelias Freude am Spiel mit dem Alphabet. Andere Gespenster heißen dann *FOG* oder *MUG*. Spielt sie mit Silben, heißen sie *SCHLAWAG* und *GRUBLIGEI*. Das alles ist nachzulesen in ihren Büchern über die *Gespensterjäger*.

Sie nutzt die magische Wirkung wiederkehrender Buchstaben auch, als Ben im *Drachenreiter* die Staubelfen zu vertreiben sucht: »Geht, grässliche, *gackernde Goldfinger! Hirnrissige, hohlköpfige, halskrausige Hässlinge!*« Aus dem Spiel mit Buchstaben entstehen auch Büchertitel wie *Kein Keks für Kobolde* und Adjektive wie »krabbelkäferköstlich« und »schleckenschleimigschaurig«. Natürlich streikt bei diesen Spielen das Schreibprogramm des Computers, ebenso wenn Schwefelfell den Namen von *Homunkulus* verhunzen will: Hillunkelküsschen, Hummelklumpkuss, Humunkuklos.

Venedig

Ein magischer Platz
in der Wirklichkeit

»Man kann Hogwarts oder Mittelerde nicht wirklich besuchen, aber man kann mit Sicherheit nach Venedig reisen. Ich wollte meinen Lesern zeigen, dass es in ihrer Welt einen magischen Platz gibt, den man wirklich besuchen kann.« So erklärt Cornelia, warum sie gerade Venedig für die Geschichte ihrer obdachlosen Kinder gewählt hat. Sie lässt ihre Leser mit Prosper und Bo nach Venedig reisen und zeigt ihnen die Stadt, in der Taxis

Gondeln sind, in deren Kanälen sich nachts der Mond spiegelt, wo ein geflügelter Löwe über den Markusplatz wacht, über dem Portal der Basilika vier riesige goldene Pferde stehen und Engel und Drachen auf den Dächern. Venedig nimmt ihre Kinder auf und gibt ihnen ein Zuhause.

Kleiner Werwolf

Angriffslust, Rausch oder Bedrohung?

»Beim Werwolf hat mich interessiert, wie das ist, wenn man in sich selbst ein Raubtier entdeckt. Würde ich die eigene Angriffslust als Rausch oder als Bedrohung empfinden, würde es einfach Teil des Lebens sein?« Als Motte zum Werwolf wird, hat er Angst vor seinen Krallen, Angst davor, Kaninchen fressen zu müssen. »Es war grausig«, sagt er, als er den Kampf gegen den Wolf gewonnen hat. *»Ich hatte richtig Spaß daran, es zu jagen. (…) Doch dann hat das Kaninchen geschrien wie ein kleines Baby, und da habe ich es losgelassen.«* Dass er aber jetzt ein Junge ist, der weiß, dass da ein Wolf in ihm steckt, der ihm hilft, seine Angst zu überwinden, das ist gut. Er fühlt sich wunderbar wölfisch gut.

He-X-en

Die Kunst auf
der Erde zu fliegen

Das X ist als Buchstabe den Stäbchen noch am nächsten, die ausgelegt wurden, um ihre Zauberkraft zu beweisen. Es bildet das Zauberkreuz der Hexen, an den Spitzen seiner Balken, mit Zeichen versehen, die den vier Elementen entsprechen. Dazu wird 13-mal im Kreis getanzt, 13 Zaubersprüche werden gesungen, und so dreht sich das X und wird zum Hexenrad. Cornelias Geschichte *Zwei wilde kleine Hexen*, wohl in Ligurien erdacht, wo noch wirkliche Hexen wohnen sollen, ist ein echtes Hexenbuch. Die Hexe Elfriede bringt den Möchtegern-Hexen Lilli und Rosanna bei, ihren Körper im Gras stehen zu lassen, stocksteif, dann leicht wie ein Luftballon spazieren zu gehen, durch das verschlossene Gartentor, die dunkle Straße entlang, über die Autos zu hüpfen, lachend auf den Dächern zu tanzen und dabei zu singen: »*Eins, zwei, drei macht sechs, ich werde eine Hex.*«

Id-Y-llen

Orte der Zuflucht
und Geborgenheit

Der Buchstabe Y, auch griechisches I genannt, steht hier für einen Ort, der einen griechischen Namen hat: Idylle, eigentlich Bildchen, Ort der Zuflucht, Abgeschlossenheit und Intimität. Cornelia schafft sich eine idyllische Situation, wenn sie sich zum Schreiben zurückzieht. In ihren Büchern schafft sie für ihre Helden Idyllen, ganz persönliche Refugien. Das Sternenversteck der Straßenkinder in Venedig z.B. ist ein zerfallenes Kino.

Aber die roten Polster sind immer noch weich, der sternenbestickte Vorhang hat seine alte Pracht erhalten und das Goldgarn auf dem blauen Stoff glitzert immer noch verheißungsvoll – eine Idylle, die ihnen Geborgenheit und Schutz gibt.

Zaubern

Die Magie der Buchstaben

Buchstaben, die magischen Stäbchen aus Buchenholz geschnitzt, sind älter als die Worte. Sie haben den Worten Zauberkraft gegeben. Cornelia weiß das und kleidet die drei Bände ihrer Tintenwelt-Trilogie in Buchstaben. Jeden Buchstaben schmückt sie mit Ornamenten, stilisierten Pflanzen und Gesichtern – und das alles in wunderschönen Farben, als wäre sie bei ihrem Buchmaler Balbulus in die Lehre gegangen. Zwischen die Buchstaben setzt sie kleine Bildchen, die von der Geschichte erzählen, die durch diese Buchstaben hervorgezaubert wurde. Buchstaben zaubern Schönheit herbei, doch können sie auch den Schrecken herbeirufen. *Tückisch und mörderisch* nennt Fenoglio sie dann, *blutsaugende, tintenschwarze Ungeheuer.*

ALLE BÜCHER

1988   Die große Drachensuche
1989   Hinter verzauberten Fenstern
       Kein Keks für Kobolde
1990   Lilli und Flosse und der Seeteufel
1992   Potilla und der Mützendieb
1993   Käpten Knitterbart und seine Bande
       Gespensterjäger auf eisiger Spur
       Die Wilden Hühner
       Leselöwen-Monstergeschichten
1994   Zottelkralle, das Erdmonster
       Als der Weihnachtsmann vom Himmel fiel
       Leselöwen-Rittergeschichten
       Gespensterjäger im Feuerspuk
       Zwei wilde kleine Hexen
1995   Greta und Eule, Hundesitter
       Ein Fest für Marie
       Gespensterjäger in der Gruselburg
       Käpten Knitterbart auf der Schatzinsel

ALLE PREISE

1994   Zürcher Kinderbuchpreis La vache qui lit, Auswahlliste (Schweiz)

1995   Kinderbuchpreis der Jury der Jungen Leser (Österreich)
Rucksackbuch der Bücherei Freising, Auswahlliste

1997   Leselotse (Buchjournal)
Die Kinder- und Jugendbuchliste (SR/WDR/RB)

1998   Die 10 Bremer Besten
Kalbacher Klapperschlange
Zürcher Kinderbuchpreis La vache qui lit,
2 x auf der Auswahlliste (Schweiz)

1999   Rattenfänger-Literaturpreis der Stadt Hameln, Auswahlliste

2000   Wildweibchenpreis
Heidelberger-Jubiläums-Leander
Die Kinder- und Jugendbuchliste (SR/WDR/RB)
Zürcher Kinderbuchpreis La vache qui lit (Schweiz)
Die 10 Bremer Besten, Auswahlliste

2001   Deutscher Jugendliteraturpreis, Nominierung
Kinderbuchpreis der Jury der Jungen Leser (Österreich)
Kalbacher Klapperschlange
Kinderbuchpreis der Jury der Jungen Leser, Bestenliste (Österreich)

2002   Evangelischer Buchpreis
International IMPAC DUBLIN Literary Award, Nominierung
(Irland)

Ture Sventon Priset (Schweden)

Deutscher Bücherpreis des Börsenvereins, Nominierung

New York Times Notable Book Of The Year (USA)

2003 Mildred L. Batchelder Award (American Library Association – USA)

BookSense Book of the Year Award (USA)

NCTE Notable Book in the Language Arts, Best Book in Translation (USA)

Nordstemmer Zuckerrübe

Corine – Internationaler Literarurpreis

Die besten 7 Bücher für junge Leser (Focus/DR)

Die Kinder- und Jugendbuchliste (SR/WDR/RB)

Die schönsten Bücher (Stiftung Buchkunst)

LUCHS des Monats, Empfehlungsliste (Die ZEIT/RB)

Torchlight Award, Askews Library Services (UK)

2004 Buch des Monats der Deutschen Akademie für Kinder- und Jugendliteratur, Volkach

Deutscher Jugendliteraturpreis, Nominierung

Die Kinder- und Jugendbuchliste (SR/WDR/RB)

Kinderbuchpreis der Jury der Jungen Leser (Österreich)

Coca-Cola Lese-Star in Bronze (Stiftung Lesen)

6 Mäuse – Der Kinder-Software-Ratgeber

Phantastik-Preis der Stadt Wetzlar

Die liebsten Bücher der Deutschen – Platz 11 (ZDF)

GIGA-Maus, Nominierung (Eltern family)

Literaturpreis des Bundes Deutscher Schriftsteller e.V.

Kalbacher Klapperschlange

Rattenfänger-Literaturpreis der Stadt Hameln, Auswahlliste

Mythopoeic Award Children's Literature, Nominierung (UK)

Prix Livres en Tête (Frankreich)
Silberner Griffel (Niederlande)

2005   Astrid Lindgren Gedächtnispreis für Literatur (Schweden)
Die 10 Bremer Besten
Oppenheim Toy Portfolio Gold Book Award (USA)
Prix de Littératures de L'Imaginaire (Frankreich)
Quill Award (USA)
The 2005 Time 100 (USA)

2006   Buchliebling Kinderbuch (Österreich)
Silberner Griffel (Niederlande)
BookSense Book of the Year Award (USA)
Quill Award, Nominierung (USA)

2007   Colorado Children's Book Award – Junior Novel (USA)
Deutscher Filmpreis Bester Kinder- und Jugendfilm (Mai und Juni)

2008   Silberner Griffel (Niederlande)
Roswitha-Preis, Bad Gandersheim

CORNELIAS BÜCHER IN 37 SPRACHEN IN 41 LÄNDERN

Europa

Albanien (Albanisch) / Bulgarien (Bulgarisch) / Dänemark (Dänisch) / Estland (Estnisch) / Färöer (Färöisch)/ Finnland (Finnisch) / Frankreich (Französisch) / Georgien (Georgisch) / Griechenland (Griechisch) / Großbritannien und Nordirland (Englisch) / Italien (Italienisch) / Island (Isländisch) / Kroatien (Kroatisch) / Lettland (Lettisch) / Litauen (Litauisch) / Norwegen (Norwegisch) / Polen (Polnisch) / Portugal (Portugiesisch) / Rumänien (Rumänisch) / Russland (Russisch) / Schweden (Schwedisch) / Serbien (Serbisch) / Slowakei (Slowakisch) / Slowenien (Slowenisch) / Spanien (Spanisch / Katalanisch) / Tschechien (Tschechisch) / Türkei (Türkisch) / Ukraine (Ukrainisch) / Ungarn (Ungarisch)

Amerika

Brasilien (Portugiesisch) / USA (Englisch)

Afrika

Ägypten (Arabisch)

Asien

Volksrepublik China (Chinesisch) / Republik China Taiwan (Chinesisch) / Indonesien (Indonesisch) / Israel (Hebräisch) / Japan (Japanisch) / Republik Korea (Koreanisch) / Thailand (Thailändisch)

Australien (Englisch)

Frage: Können die Kinder in Timbuktu Cornelia Funkes Bücher lesen?
Antwort: Timbuktu liegt in Mali; dort ist die Amtssprache Französisch.

BILDNACHWEIS

o=oben · u=unten

Umschlagvorderseite: Foto © www.zitzlaff.com, Illustrationen Cornelia Funke
Umschlagrückseite: Illustrationen Cornelia Funke

Innenillustrationen
S. 18 Wolfgang Schmitz
S. 27 Cornelia Funke und Rolf Frahm
S. 47u Ben Funke
S. 70, S. 89, S. 102, S. 119, S. 154, S. 155 Kerstin Meyer © Cecilie Dressler Verlag
S. 75, S. 76, S. 95, S. 106o, S.106u , S. 122 Regina Kehn © Cecilie Dressler Verlag
S. 76 Cornelia Funke © Fischer Schatzinsel
S. 90 Kerstin Meyer © Fischer Schatzinsel
S. 100 s/w-Illustration von Cornelia Funke, nachkoloriert von Yvonne Ziegenhals-Mohr
S. 120 Daniela Kulot © Verlag Friedrich Oetinger
Alle anderen Illustrationen von Cornelia Funke aus ihren Büchern beim Cecilie Dressler Verlag und im
Verlag Friedrich Oetinger
S. 54 The Chicken House © Carol Lawson © 2003
S. 56 The Chicken House © Christian Birmingham © 2002

Fotos
S. 59 INKHEART © Internationale Filmproduktion Blackbird Erste GmbH & Co. KG and
New Line Productions, Inc.
Alle anderen Fotos: privat

Text
S. 84 Time Magazine © 2005

Der Verlag dankt allen IllustratorInnen und Verlagen für die freundliche Abdruckgenehmigung.

Rechteinhaber, die trotz gewissenhafter Recherche nicht ermittelt werden konnten, bitten wir,
sich mit dem Verlag in Verbindung zu setzen.

Hildegunde Latsch wurde in Dorsten/Westfalen geboren. Sie studierte Linguistik und Germanistik an der Universität Heidelberg und unterrichtete Sprachen, Theater und Literatur an der Deuschen Schule in Nairobi/Kenia, am Goethe-Institut in Harare/Zimbabwe und am Hansa-Kolleg in Hamburg. Nach ihrer Pensionierung begann Hildegunde Latsch, die Bücher von Cornelia Funke, ihrer Nichte und Patentochter, näher unter die Lupe zu nehmen, in ihrem Leben nach Spuren ihres Schreibens und in ihren Geschichten nach Spuren ihres Lebens zu suchen. Ergebnis dieser Spurensuche ist die erste Funke-Werkbiographie »Cornelia Funke - Spionin der Kinder«. Hildegunde Latsch lebt mit ihrer Familie in Frankenthal.